Sixtus Lanner

Der Stolz der Bauern

Die Entwicklung des ländlichen Raumes Gefahren und Chancen

SIXTUS LANNER

DER STOLZ DER BAUERN

DIE ENTWICKLUNG DES LÄNDLICHEN RAUMES GEFAHREN UND CHANCEN

IBERA & MOLDEN VERLAG

Die Deutsche Bibliothek – CIP-Einheitsaufnahme
Lanner, Sixtus:
Der Stolz der Bauern / Sixtus Lanner.
1.Aufl. Wien : Ibera-Verl., 1996
ISBN: 3-900436-35-5

1. Auflage

Umschlagfoto: Lois Lammerhuber
Fachlektorat: Dipl. Ing. Rudolf Strasser
Lektorat: Genia Gazda
Herstellung: Ibera Verlag, Wien
ISBN 3-900436-35-5

Inhalt

1. Kapitel

Der Bauer im ländlichen Raum Gestern - heute - morgen

Es war an einem sonnigen Frühlingstag. Ich kam gerade von der Schule, damals eine dreiklassige Volksschule, nach Hause. „Heute wäre ein guter Tag, um Bäume zu pflanzen", meinte mein Vater. Wir machten uns auf den Weg. Mein Vater trug einen großen Korb mit Fichtenpflanzen und einer schweren Pflanzhacke. Ich hatte meinen eigenen kleinen Korb, der für einen zehnjährigen Buben angemessen war, auch mit einigen Jungpflanzen und vor allem mit der Jause. Nach etwa einer Stunde erreichten wir eine Waldlichtung in steilem Gelände. Wir begannen mit der Arbeit. Mein Vater machte mit kräftigem Schwung kleine Pflanzlöcher im wurzelreichen Waldboden. Ich durfte die Jungpflanzen einlegen und mit einem Tritt die Verbindung zwischen Wurzeln und Boden herstellen. Schweigend verrichteten wir unsere Arbeit. Plaudern und arbeiten vertragen sich nicht gut miteinander, meinte mein Vater. Endlich kam die Zeit für eine kurze Rast. Ich holte unsere Jause hervor: selbstgebackenes Brot, Käse und Buttermilch. Es war herrlich – Waldluft macht hungrig! Wir redeten über dies und das. Plötzlich hielt mein Vater inne, blickte nachdenklich in die Ferne und meinte: „Was wir heute machen, wird mir keinen Ertrag bringen, vielleicht nicht einmal dir, aber deine Kinder werden einen kräftigen Wald vorfinden und in Zeiten der Not einen guten finanziellen Rückhalt haben."

Jahrzehnte später erinnerte ich mich an diese Begebenheit. „Sustainable development" hieß das Zauberwort der Konferenz von Rio (1992). Umweltexperten aus der ganzen Welt entdeckten plötzlich das „Prinzip der Nachhaltigkeit" als Überlebensstrategie für unsere Gesellschaft. Nicht blinder Egoismus und kurzfristige Gewinnmaximierung sind das Ziel, sondern Verantwortung für kommende Generationen.

Für diese Lebensweisheit benötigte mein Vater kein Fremdwort und keine komplizierte Definition. Er erklärte mir mit den einfachen Worten eines Tiroler Bergbauern, daß man der Natur nicht mehr nehmen soll, als ihr wieder zurückgegeben werden kann – und er hat mir das vorgelebt. Er hat mir das Gefühl vermittelt, daß in dieser Verantwortung etwas Besonderes liegt.

Bauer zu sein war für meinen Vater nicht irgendein Beruf. „Jeder muß essen", meinte er, „ein Bauer wird daher immer wichtig sein". Daß die großen Probleme dieses Berufsstandes einmal aus dem Überfluß erwachsen werden, ahnten wir damals nicht. In jener Welt des „stolzen Bauern", der wußte, daß er gebraucht und daher auch geschätzt wird, verbrachte ich die prägenden Jahre meiner Jugend.

Im Herbst 1953 besuchte ich die Landwirtschaftsschule in Rotholz. „Wer viel Kunstdünger verwendet, ist ein tüchtiger Bauer", so lautete damals das Credo unserer Lehrer. Mein Onkel, ein ordentlicher Bauer alter Schule, stand derartigen Entwicklungen skeptisch gegenüber. Er verwendete nur wirtschaftseigenen Dünger, das heißt Stallmist und Jauche von den eigenen Tieren. Im Dorf galt er deshalb als rückständig.

Die Mechanisierung, Fortschritte in der Züchtung sowohl im Pflanzenbau als auch in der Tierzucht, der Einsatz von Handelsdünger und die Verwendung von chemischen Pflanzenschutzmitteln führten zu einem gewaltigen Anstieg der Produktivität. Die Landwirtschaft übertraf dabei sogar die Industrie. Von 1955 bis 1965 stieg die Arbeitsproduktivität in der Landwirtschaft um 70,1 Prozent, in der Industrie um 50,7 Prozent. Hand in Hand mit dieser Entwicklung ging die Abwanderung aus der Landwirtschaft. Während die Bauern in den 50er und 60er Jahren die Dienstnehmer ersetzen mußten, sind in den 70er und 80er Jahren ihre mitarbeitenden Familienangehörigen vom Hof gegangen. Heute sind die Betriebsführer an der Reihe. Von mehr als einer Million Beschäftigten im Jahr 1950 ist kaum ein Viertel übriggeblieben. Die Zahl der Betriebe wurde nahezu halbiert. Die Welt der Pendler brachte neue Lebensformen in das Dorf. Wer es „zu etwas gebracht hatte", wollte das auch zeigen. Alten Bauernhäusern wurden „die Augen ausgestochen". Statt der typischen Fenster mit der harmonischen Sprossenteilung wurden unförmige Panoramascheiben eingesetzt. Holztore mußten gesichtslosen Eloxaltüren weichen. Besonders „Fortschrittliche" verkleideten ihre Wohnhäuser mit einer Scheinarchitektur. Bodenständiges Brauchtum wurde durch Folklore ersetzt. Man wollte modern sein. In Wahrheit war dies Ausdruck einer inneren Unsicherheit.

Die Natur hatte keinen besonderen Stellenwert. Was zählte, waren Leistung, Produktivität und Fortschritt. Es war die Zeit, zu der man den Eindruck hatte, als ob der Heilige Petrus, vor die Wahl gestellt, wen er ins Paradies einlassen und wen er in die Hölle schicken solle, immer nur die eine Frage stellte: „Was hast du auf Erden getan, um das Bruttosozialprodukt zu steigern?" Aber Fortschritt allein ist noch keine Leistung. Es kommt auf die Richtung an. 1972 machte ein Bericht Schlagzeilen. Er verkündete eine Binsenweisheit: Alle Ressourcen – von Energie bis zu den Rohstoffen – sind endlich. Würde man die bisher gültigen Linien des Verbrauchs in die Zukunft verlängern, wäre ein Ende der Vorräte schon im nächsten Jahrhundert abzusehen. Dieses Katastrophenszenarium des Club of Rome über die „Grenzen des Wachstums" löste in der Öffentlichkeit fast einen Schock aus. Widerspruch regte sich, und manche Behauptung wurde widerlegt. Aber der Grundgedanke blieb und ist unverändert gültig: Wir können nicht ewig aus dem Vollen schöpfen.

Mit zunehmender Marktsättigung änderte sich das Bild des Bauern in der Öffentlichkeit. Mitte der 50er Jahre erreichte die österreichische Landwirtschaft annähernd den Selbstversorgungsgrad. Was in den Folgejahren im Inland nicht verbraucht werden konnte, wurde exportiert. Dafür waren wegen der niedrigen Weltmarktpreise erhebliche Finanzmittel erforderlich. Der Bauer geriet zusehends in die Abhängigkeit des Staates. Die Konsumenten blickten mit scheelen Augen auf den Weltmarkt. Dort war alles billiger. Gleichzeitig wuchs die Kritik an der Intensiv-Landwirtschaft. „Eine Landwirtschaft der Pferde kann es nicht mehr geben. Aber eine Landwirtschaft, die zur Erzeugung eines Kilogramms Getreide einen Liter Öl in Form des Kunstdüngers und des Treibstoffes verbraucht, wird es demnächst auch nicht mehr geben können", meinte treffend der Schriftsteller Alois Brandstetter. Dieses Stimmungsbild verunsicherte die Bauern. Sie wußten nicht so recht, ob das, was sie leisten, auch wirklich gebraucht und geschätzt wird. Generationen von Bauern haben in harter Arbeit das Land gerodet und für die Erzeugung von Nahrungsmitteln nutzbar gemacht. Land urbar zu machen war eine positive Leistung. Jetzt kommt der Umweltschutz und sagt: „Das darfst du nicht machen!" Was gestern noch als ein Beweis von Tüchtigkeit galt, ist heute plötzlich unanständig. „Man bekommt direkt ein schlechtes Gewissen, wenn man tüchtig wirtschaftet", meinte dazu eine Bäuerin. Damit wird eine Wertehierarchie auf den Kopf gestellt. Für das Selbstwertgefühl des bäuerlichen Berufsstandes hat das weitgehende Folgen.

Umwelt und Kulturlandschaft waren durch die Jahrhunderte ein kostenloses Gut. In Zeiten von Massentierhaltungen und Monokulturen ist das nicht mehr der Fall. In der öffentlichen Diskussion gewinnen die Kulturleistungen der Bauern an Bedeutung. Man ist auch bereit, dafür zu bezahlen. Aber man will zunehmend wissen, wo Leistung und Gegenleistung liegen. Diese Abgrenzung ist schwierig. Das schafft Unsicherheit – und zwar auf beiden Seiten. Nach einer Fessel-Umfrage vom Dezember 1993 meinen 55 Prozent der Befragten, daß die Landwirte viel jammern und immer neue Forderungen stellen, obwohl es ihnen in Wirklichkeit gar nicht so schlecht geht. Andererseits ist man sich durchaus bewußt, daß die österreichischen Bauern für Leistungen, die sie erbringen, noch viel zu wenig bezahlt erhalten (79 Prozent Zustimmung). Wie aber verhält es sich mit dieser „Zustimmung", wenn es um die konkrete Umsetzung geht? Wird es ähnlich sein wie bei der Käfighaltung der Hühner? Wahrscheinlich würde jeder Konsument, der befragt wird, die Käfighaltung ablehnen. Dennoch werden die billigen Eier gekauft, obwohl inzwischen die meisten Bürger die Produktionsbedingungen kennen dürften. Darin offenbart sich eine differenzierte Bewußtseinshaltung beim Verbraucher, manche sagen auch Heuchelei dazu.

Wie geht es weiter? Werden jene die Oberhand gewinnen, die einer Liberalisierung auf allen Ebenen das Wort reden – vom Weltmarkt über den Hormoneinsatz für Lebensmittel bis zur Gentechnik? Oder hat eine flächendeckende, ökologisch orientierte Landwirtschaft in unserer Wettbewerbsgesellschaft eine Chance? Die Krise des bäuerlichen Berufsstandes ist nicht zuletzt eine geistige Krise. Für die Berufswahl spielen Achtung und Wertschätzung, die ein Berufsstand genießt, eine entscheidende Rolle. Keiner will als „Subventionsempfänger" abgestempelt sein. Die Bauern erwarten, daß ihre Rolle in der Gesellschaft in einer Form definiert wird, die ihnen nicht nur materiell, sondern auch geistig und ideell die gebührende Anerkennung verschafft. Es geht um eine Bewußtseinsbildung in der Öffentlichkeit, aber auch eine Bewußtseinsbildung bei den Bauern, daß Landwirtschaft mehr ist als Nahrungsmittelproduktion. Es geht um Werte und Werthaltungen. Diese Diskussion sollte man offen und selbstbewußt in die Städte hineintragen und dabei aufzeigen, daß die Zukunft des ländlichen Raumes auch im Interesse der städtischen Bevölkerung liegt.

In der klassischen Beurteilung der wirtschaftlichen Entwicklungsmöglichkeiten geht man davon aus, die Bauern in „Hörndl- und Köndlbauern" einzuteilen. Gemeint sind damit die Vieh- und Milcherzeuger (Hörndlbauern) einerseits und die Ackerbaubetriebe, die vor allem Getreide erzeugen (Körndlbauern), andererseits. Damit verbunden ist die Vorstellung, daß Grünlandgebiete im allgemeinen ungünstigere Bedingungen haben als Ackerbauregionen. Ich glaube, diese Einteilung ist zu einfach. Künftig werden drei Kriterien wichtiger sein:

1. Wie weit können Grund und Boden kostengünstig maschinell bewirtschaftet werden?
2. Wie sieht das Umfeld aus, die Region?
3. Wie steht es um die Qualifikation der Menschen?

Unter Berücksichtigung dieser Kriterien kann es durchaus vorkommen, daß ein Grünlandbetrieb im Alpenraum mit guten Mechanisierungsmöglichkeiten und zusätzlichen Erwerbsquellen im Tourismus günstiger dasteht als ein Ackerbaubetrieb mittlerer Größe ohne andere Einkommensmöglichkeiten in der Region.

Die Möglichkeit, Grund und Boden maschinell zu bearbeiten, wird in Zukunft eine noch größere Rolle spielen als bisher. Im Zuge des Generationswechsels werden wir in den nächsten Jahren eine neue Welle von Betriebsaufgaben erleben. Das führt zu keiner Versorgungskrise, wohl aber zu Bewirtschaftungsproblemen, und zwar in jenen Regionen, die auf Grund ihrer Landschaftsformen für den Tourismus besonders attraktiv, für eine kostengünstige Bewirtschaftung auf Grund der Hanglage aber besonders ungünstig sind. Die Bedeutung der Region für die Agrarpolitik wurde lange Zeit unterschätzt. Heute weiß man, daß die Landwirtschaft nur durch eine gesamtwirtschaftliche Erschließung des ländlichen Raumes gesichert werden kann. Die Entwicklung der Landwirtschaft allein wäre zu wenig.

Wie weit bestehende Chancen genutzt werden, hängt entscheidend von der Qualifikation der Menschen ab. Die Verantwortung für eine bestmögliche Ausbildung trägt jeder selbst. In unserer arbeitsteiligen, globalen Welt, werden jene im Vorteil sein, die Änderungen rasch erkennen und sich zielstrebig darauf einstellen. Es ist wie im Sport: Ein erfolgreicher Fußballer läuft nicht nur möglichst schnell dem Ball nach, sondern versucht gleichzeitig vorauszuplanen, wohin er den nächsten Ball abspielen muß. Das ist leichter gesagt als getan. „Ratschläge sind auch Schläge“, las ich auf einem Kalenderblatt. Ich habe daher einen anderen Weg gewählt und versuche, anhand konkreter Beispiele zu zeigen, wohin der Weg gehen könnte, damit das Land Zukunft hat. Zuvor noch eine Anmerkung: „Ihr müßt weiter fröhlich Musik machen“, sagte die zwölffache Mutter Kelly auf dem Sterbebett zu ihrer Familie. Vielleicht liegt im Wort

„fröhlich" die besondere Faszination dieser Musikgruppe, die fast schon Kultstatus erreicht hat. Ich bin davon überzeugt, daß der frohe Bauer, der positiv zu seinem Beruf und zu seiner Aufgabe steht, auch ein erfolgreicher Bauer ist.

2. Kapitel

Recht und Freiheit auch für die Bauern

Es ist nicht meine Absicht, eine historische Abhandlung über den Bauernstand zu schreiben. Mir geht es lediglich darum, im geschichtlichen Rückblick Zusammenhänge aufzuzeigen und Werte bewußt zu machen, die für die Entwicklung des Bauernstandes von Bedeutung sind. Zu einem bäuerlichen Standesbewußtsein gehört auch ein bäuerliches Geschichtsbewußtsein.

Das seßhafte Bauerntum mit Ackerbau und Viehzucht ist in der Jüngeren Steinzeit vor etwa zehn Jahrtausenden entstanden und hat sich, vom Vorderen Orient ausgehend, weltweit ausgebreitet. In der Geschichtsforschung wird dieser umwälzende Vorgang als „agrarische Revolution" bezeichnet. Durch die Jahrtausende hat eine bäuerliche Landwirtschaft das Bild der Gesellschaft geprägt. Sie blieb die wirtschaftliche und soziale Basis auch für die nachfolgenden Hochkulturen, welche den Bauernstand im Laufe der Geschichte überlagert haben.

Im mitteleuropäischen Raum entwickelten sich während des Mittelalters aus dem Bauernstand adelige Lehens- und Grundherrschaften. Ursprünglich handelte es sich um ein Gegenseitigkeitsverhältnis. Der Bauer verpflichtete sich zu Abgaben an den Grundherrn. Dieser entlastete ihn dafür vom Kriegsdienst und stand ihm in Notlagen bei. Als die Grundherrschaften jedoch immer mächtiger wurden und schließlich die Gerichtsbarkeit über den Bauern erhielten, nutzten sie ihre Macht vielfach aus, um die Bauern auszubeuten und politisch zu entrechten. Diese leisteten Widerstand, und es kam zu den „Bauernkriegen", die mit der völligen Unterwerfung der Bauern endeten. Nur in einigen Gebieten, wie in Tirol und in der Schweiz, konnten sich die Bauern politisch behaupten und ihre Freiheit bewahren.

Um 1800 lebten 80 Prozent der mitteleuropäischen Bevölkerung auf dem Lande oder in kleinen Städten. In Deutschland gab es nur zwei Städte, deren Bevölkerung die Hunderttausender-Marke überschritten hatte: Berlin mit rund 170.000 und Hamburg mit 130.000 Einwohnern. Wien hatte um diese Zeit etwa 270.000 Einwohner, Rom 163.000. Haupterwerbszweig war die Landwirtschaft. Die Bauern, obwohl inzwischen persönlich „frei", waren weiterhin in die Grundherrschaft eingebunden und hatten kaum eine Möglichkeit, die Entwicklung ihres Berufsstandes mitzubestimmen. Bestimmend waren immer noch Adel, Klerus und der Großgrundbesitz. Maria Theresia hatte zwar die Folter abgeschafft, an der bäuerlichen Untertänigkeit wollte sie jedoch nicht rütteln. So schrieb sie 1742: „Die Untertänigkeit völlig aufzugeben kann nie für tunlich gehalten werden." Ihr Sohn Josef II. hingegen versuchte, die Lasten zu verringern. Eine Bittschrift, die ihm ein alter Bauer bei einer Fahrt durch Ungarn überreichte, hinterließ einen tiefen und nachhaltigen Eindruck:

„Barmhertzigster Kaysser!
Viehr Täge Ropott, den fünften Tag auf Fiescherrey, den sexten mit der Härschaft auff die Jahgt, der siebente geheeret Gott. Erwähge, barmhertzigster Kaysser, wie ich Steier und Abgaben zahlen soll!"

Am 22. August 1785 erließ Josef II. ein Patent, das die Leibeigenschaft in Ungarn aufheben sollte. Die Magnaten negierten jedoch die Anordnung des Kaisers. Es dauerte mehr als ein halbes Jahrhundert, bis auch die ungarischen Bauern von dieser schweren Last befreit wurden. Erst ein Antrag des schlesischen Studenten und jüngsten Abgeordneten im österreichischen Reichstag, Hans Kudlich, führte 1848 zur „Bauernbefreiung". Der Antrag begann mit den Worten: „Die Reichsversammlung möge beschließen: Von nun an ist das Untertänigkeitsverhältnis samt allen daraus entspringenden Rechten und Pflichten aufgehoben ..."

Vorerst schien die Lage der Bauern nicht ungünstig. Die Erfindung der Dampfmaschine, der Ausbau der Verkehrswege und der industrielle Aufschwung brachten eine Erhöhung der Agrarpreise.

Bald zeigte sich aber die Kehrseite der Medaille. Der Geist des Liberalismus, der dem Landmann die Freiheit gebracht hatte, wurde bald zu seinem Hauptfeind. Den Bauern traf diese Entwicklung völlig unerwartet. Er mußte erst lernen, mit Geld und Behörden umzugehen, es fehlten die politische Erfahrung und die entsprechende Bildung. Getragen von der Idee des Wirtschaftsliberalismus, völlige Freiheit sei der beste Weg zu wirtschaftlichen Höchstleistungen, kam es zu einer gewaltigen Konkurrenz aus Übersee. Die

Folge war ein dramatischer Verfall der Agrarpreise. Not und Verschuldung griffen um sich, Zwangsversteigerungen waren an der Tagesordnung. Grund und Boden verloren ihre gesellschaftliche Würdigung als erstrangige Lebensgrundlage und verkamen zum Spekulationsobjekt. Das Schutz- und Schirmverhältnis der Grundherren war verschwunden und damit auch die Verpflichtung, den Armen und in Not Geratenen beizustehen.

Selbsthilfe durch Zusammenarbeit

Zu den Sonnenseiten der Geschichte gehört das Phänomen, daß in Zeiten des Elends und der tiefen Bedrückung immer wieder Menschen aktiv werden, die sich der Notleidenden annehmen und durch Reformen ein lebenswertes Dasein sichern helfen. Einer dieser Sozialpioniere ist Friedrich Wilhelm Raiffeisen (1818-1888), dessen Werk heute weltweit Früchte trägt.

Der am 30. März 1818 in Hamm an der Sieg, Westerwald, als siebentes von neun Kindern geborene Raiffeisen entschied sich zunächst für die Militärlaufbahn. Ein schweres Augenleiden zwang ihn schon früh, in einen Zivilberuf einzutreten. So wurde er 1843 Verwaltungsbeamter und bereits wenige Jahre später Bürgermeister seiner Gemeinde. Als 28jähriger organisierte er im Hungerjahr 1846 eine aufsehenerregende Winterhilfe. Die Armut war weit verbreitet, liberale Geldleute nutzten die Situation und brachten mit Wucherzinsen Gewerbetreibende und Bauern um Hab und Gut. Als „Gegenmittel" schuf der nach christlichen Grundsätzen wirkende Bürgermeister einen „Hilfsverein", der günstige Darlehen vergab und die notleidende Bevölkerung mit den wichtigsten Lebensmitteln versorgte. Ähnliche Hilfsaktionen folgten in anderen Gemeinden.

Raiffeisens Bemühungen hatten also zunächst rein karitative Motive und waren noch nicht vom Gedanken der genossenschaftlichen Selbsthilfe getragen. Erst im Jahr 1864, rund 16 Jahre nach der Bauernbefreiung in Österreich, wagte der angesehene Kommunalpolitiker den nächsten Schritt. Unter dem Motto „Gemeinnutz geht vor Eigennutz" gründete er einen Spar- und Darlehensverein. Mit der Gründung der ersten Geld- und Ausgleichskasse schlug die Geburtsstunde der heute über mehrere Kontinente verbreiteten Raiffeisen-Organisation. Sie war ursprünglich offenbar eine reine Männersache. Einer Protokolleintragung über eine Statutenänderung im Jahr 1909 entnehme ich folgende Anmerkung: „Frauenspersonen dürfen ihr Stimmrecht nur durch einen Bevollmächtigten, welcher Mitglied sein muß, ausüben."

Für Raiffeisen war das ländliche Genossenschaftswesen ein Mittel zur Steigerung des Wohlstandes und der christlich-sittlichen Kultur der Landbevölkerung: „Das genossenschaftliche Prinzip ist ein moralisches Prinzip." (Henkel, G., Der ländliche Raum, Stuttgart 1993) Bezeichnenderweise stand am Anfang auch die unbegrenzte persönliche Haftung aller Genossenschafter. Anläßlich der Festveranstaltung „100 Jahre Raiffeisenbezirkskasse Wörgl" im Juni 1996 bemerkte dazu der Chef der Raiffeisenlandesbank Tirol, Fritz Hakl: „Ich frage mich, wer von uns heute die Bereitschaft und das Engagement aufbrächte, sein ganzes

Vermögen für eine gemeinschaftliche und durchaus nicht abgesicherte Sache aufs Spiel zu setzen. Wir stehen staunend vor dem Mut dieser Menschen." Heute ist Raiffeisen ein Wirtschaftsunternehmen wie jedes andere.

Als Friedrich Wilhelm Raiffeisen das Genossenschaftswesen ins Leben rief, war es vor allem das harte Schicksal der bäuerlichen Bevölkerung, das ihn zum Handeln bewegte. Überall war Hilfe erforderlich. Aber wirkliche Hilfe konnte – wie Raiffeisen erkannte – nicht von außen kommen. Eine Besserung der Verhältnisse war nur zu erwarten, wenn jene, um deren Zukunft es ging, ihr Schicksal selbst in die Hand nähmen. An diesem Prinzip hat sich nach mehr als 130 Jahren nichts geändert. Wer Erfolg haben will, muß selbst daran glauben und sich dafür auch einsetzen.

3. Kapitel

Der Bauernstand erwacht politisch

In allen Berichten aus dieser Zeit wird heftig über die Not und Hilflosigkeit der bäuerlichen Bevölkerung geklagt und immer wieder der Mangel an einer geeigneten Interessenvertretung hervorgehoben. Die Bauern waren zwar zahlenmäßig stark, hatten aber wenig Einfluß. Ein Mitspracherecht in der Gesetzgebung fehlte völlig. Erst als die Bauern lernten, ihre Anliegen gemeinsam zu vertreten, stieg ihr Einfluß in Wirtschaft und Gesellschaft.

1884 unternahm der niederösterreichische Weinhauer Josef Steininger einen ersten Versuch zur Gründung einer Bauernvereinigung. Trotz erheblicher Widerstände erweckte seine Initiative Aufmerksamkeit. Das provozierte den Widerstand der Großgrundbesitzer. Auch die Liberalen waren dagegen. Da berief der Gobelsburger Weinhauer 1886 den „Ersten Allgemeinen Österreichischen Bauerntag" nach Wien. Unter dem Motto „Bauern wollen wir sein und bleiben" versammelten sich in der großen Halle der Sofiensäle Bauern aus allen deutschsprachigen Gebieten der Monarchie. Absatzschwierigkeiten, Mißernten, Überbesteuerung, Unterdrückung durch die Behörden und das Fehlen jeglicher wirkungsvollen Organisation und Vertretung wurden besonders beklagt.

Der von den Bauern vorgelegte Forderungskatalog war außerordentlich umfangreich. Er umfaßte vor allem die Einführung des direkten Wahlrechtes, Schutzzölle gegen die ausländische Konkurrenz, die Schaffung eines neuen Erbrechtes, die Errichtung von Winter-, Abend- und Fortbildungsschulen und ging bis zur Forderung nach Zuziehung von bäuerlichen Experten bei der Abfassung von Schulbüchern.

Es war aber noch ein langer Weg, bis es 1906 zur Gründung des Niederösterreichischen Bauernbundes kam. Josef Steininger konnte die Früchte seiner Arbeit nicht mehr ernten. Er starb 1899 bettelarm, geistig und körperlich zermürbt, nach den Anstrengungen eines langjährigen Kampfes. Mit geradezu prophetischem Weitblick schrieb er bereits neun Jahre vor seinem Tod: „... Daß wir als Vorkämpfer der Dinge, die da kommen werden, vielfach die Prediger in der Wüste noch sind, denen andere Prediger nachfolgen werden, welche das, was wir begannen, vollbringen, ist selbstverständlich." (Kraus, Th., Bauern, Wien 1981)

In der Zwischenzeit wurde bekannt, daß der christlich-soziale Abgeordnete und spätere Landeshauptmann von Tirol, Josef Schraffl, die Gründung eines „Tiroler Bauernbundes" vorbereitet und zu diesem Zweck für den 5. Juni 1904 eine große Bauernversammlung nach Sterzing einberufen hatte. In Niederösterreich brachte man dieser Nachricht größtes Interesse entgegen. Eine Delegation wurde entsandt, die in Sterzing ein großartiges Bekenntnis von mehr als 7.000 Tiroler Bauern zur Gemeinschaftsidee erlebte. Ehe es soweit war, gab es allerdings schwere Hürden zu überwinden. Konservative Kreise versuchten, mit Aufrufen und Flugblättern das Treffen zu verhindern. Da die Idee zu dieser Veranstaltung von den Christlich-Sozialen ausging, fürchteten sie, die Tagung könnte eine politische Färbung annehmen. Das Brixner Ordinariat hatte sogar die Festmesse verboten. Die festliche Kundgebung von Tausenden Bauern und Bäuerinnen und die Einigkeit beeindruckten dennoch alle Stände. „Es war das erste Mal, daß ein Massenaufmarsch der Bauern eines ganzen Landes veranstaltet wurde, der den Aufmärschen der Sozialdemokratischen Partei an die Seite gestellt werden konnte. Diese hatte es ja leicht, in den Städten und den großen Industriezentren die Arbeiter auf die Beine zu bringen; die Bauern aber waren vielfach zwei Tage und Nächte auf dem Wege, um rechtzeitig aus ihren Tälern und von ihren Berghöfen zur Bahn und nach Sterzing zu kommen", schreibt Oskar Hohenbruck in „60 Jahre Tiroler Bauernpolitik". Sterzing war ein mächtiges Signal. Den stärksten und nachhaltigsten Eindruck machte aber der großartige Verlauf dieses Tages auf die Tiroler Bauern selber.

Die begeisterten Erzählungen der heimkehrenden Teilnehmer rissen die noch Zweifelnden und Zurückhaltenden mit. Das Selbstbewußtsein der Bauern, ihr Zusammengehörigkeitsgefühl waren erwacht. Nach und nach entstanden Bauernbünde in allen Bundesländern. Hartnäckig und zäh erkämpften sich die bäuerlichen Vertreter ihren Platz in den politischen Gremien – von den Gemeinden über die Landtage bis zum Reichstag.

Besondere Wertschätzung in Notzeiten

Der Erste Weltkrieg stellte Landwirtschaft und Bauerntum vor völlig neue Aufgaben. Man war auf die kriegswirtschaftliche Nahrungsmittel- und Rohstoffversorgung in keiner Weise vorbereitet. Der kriegsbedingte Ausfall von Galizien und der Bukowina bewirkte schon früh eine akute Nahrungsmittelknappheit. Verschärft wurde die Lage noch durch eine schlechte Ernte. Dazu kamen der Ausfall der männlichen Arbeitskräfte, ein Rückgang der Düngemittelproduktion und der Futtermitteleinfuhr. Rationierungen sollten eine möglichst gleichmäßige Verteilung der knappen Güter gewährleisten. Das „Kriegsbrot" wurde eingeführt, das heißt, es wurde die Beimengung von Ersatzstoffen verordnet. Die Schrebergärten, deren Zahl in den Städten rapide stieg, boten eine notdürftige Hilfe: „Hätt' ich nicht geschrebert, wer weiß, ob ich noch lebert", lautete ein populärer Spruch. (Sandgruber, R., Ökonomie und Politik, Wien 1995) Die kriegswirtschaftlichen Maßnahmen auf dem Ernährungssektor führten zu deutlichen Spannungen zwischen Stadt und Land. Die Bauern taten ihr Bestes, konnten aber aufgrund der schwierigen Umstände den Nahrungsmittelbedarf bei weitem nicht befriedigen. Der Schleichhandel blühte. Diese Umstände vergifteten für lange Zeit das Verhältnis zwischen Stadt und Land. Den Bauern wurden die Schleichhandelspreise aus der Kriegszeit noch jahrelang bei Preisdiskussionen vorgeworfen.

1918 zerbrach die Monarchie. Der Wiederaufbau gestaltete sich außerordentlich schwierig. Nach den Notjahren des Krieges waren Stallungen und Vorratsräume leer, die Felder verunkrautet, der Boden bis an die Grenze des Erträglichen ausgeplündert, die wichtigsten Versorgungsgebiete der Monarchie in Böhmen und Ungarn für das kleine Rest-Österreich verloren. Zu den wirtschaftlichen Problemen kam die politische Unsicherheit in einem „Staat, den keiner wollte". Es fehlte der Glaube an das eigene Überleben. So hieß es in einer Denkschrift des damaligen Bundesministeriums für Ernährung (1921): „Trotz beachtlicher Fortschritte auf dem Gebiet der Landwirtschaft kann sich Österreich aus seiner Produktion niemals selbst ernähren. Es bleibt auf die dauernde Hilfe des Auslandes angewiesen ..." Trotz schwierigster äußerer Umstände gelang den Bauern eine bewundernswerte Aufbauleistung. Die Beratungstätigkeit wurde durch die Schaffung von Landwirtschaftskammern auf Landes- und Bezirksebene wesentlich verbessert. Die Einführung moderner Produktionsmethoden spornte den Fortschrittswillen der Bauern an. Das Genossenschaftswesen wurde ausgebaut, die Bildungseinrichtungen erheblich verbessert. Mit dem Ausbruch der Weltwirtschaftskrise im Jahr 1929 nahm der wirtschaftliche Aufschwung ein jähes Ende. Die Industrie setzte ein Heer von Arbeitslosen auf die Straße, der Fremdenverkehr lag darnieder, der Wirtschaftsboykott durch Hitler-Deutschland (1.000 Mark-Sperre) hatte schreckliche Folgen. Die Kaufkraft sank in die Nähe des Existenzminimums. Absatzschwierigkeiten und Preisverfall waren die Folge. Die Verschuldung der Bauern erreichte neue Rekordhöhen. Man kann sich die Not dieser Zeit heute kaum vorstellen. 600.000 Arbeitslose am Höhepunkt der Krise. Jeder

Dritte davon ohne Unterstützung, er zählte zu den sogenannten Ausgesteuerten.

Die Menschen auf dem Land mußten zwar keinen Hunger leiden. Wer aber ohne Besitz war und auch keine Aussicht hatte, einen Hof zu erben, stand vor einer trostlosen Zukunft. In diese Zeit fiel die Auswanderungsaktion von Landwirtschaftsminister Andreas Thaler. Er wollte weichenden Bauernkindern im Urwald Brasiliens und späteren „Dreizehnlinden" die Chance für einen neuen Anfang bieten. Interessant war der Versuch der deutschen Landwirtschaft, unter dem Eindruck der Krise die vier wichtigsten Organisationen in einer „Grünen Front" zu vereinen. Der „Deutsche Landwirtschaftsrat", der „Reichsbund", die „Vereinigung der deutschen Bauernvereine" und die „Deutsche Bauernschaft" konnten als Gemeinschaft beträchtlichen Einfluß auf die Agrarpolitik der Reichsregierung ausüben.

Das Dritte Reich war nach 1938 auch in Österreich die Zeit einer totalitären, ab 1939 der Kriegsplanung untergeordneten Agrarpolitik. An die Stelle der bäuerlichen Berufsvertretung trat der „Reichsnährstand". Der Bauernstand besaß zwar eine zentrale ideologische Funktion, die aus der „Blut- und Bodenideologie" abgeleitet wurde, er mußte jedoch auf die politische Selbstbestimmung verzichten.

Die Absatzsorgen der Bauern waren allerdings mit einem Schlag behoben. Das Motto hieß „Erzeugungsschlacht" und Produktionssteigerung mit allen Mitteln.

Für die Bauern wurden Entschuldungsaktionen eingeleitet. Die Investitionsfreudigkeit und die Bautätigkeit wurden dadurch gewaltig angekurbelt.

Der materielle Aufschwung, den die Landwirtschaft in dieser Zeit genommen hatte, währte jedoch nicht lange. Die Bauern hatten zwar keine Absatzsorgen, um so drückender aber empfanden sie die immer strenger werdenden Ablieferungsverpflichtungen und die starken Eingriffe der „Reichsnährstandsorganisation" in ihre Wirtschaftsführung.

Dazu kamen die Kriegsdienstverpflichtungen und der damit verbundene Abzug der Arbeitskräfte aus der Landwirtschaft. Es waren die Frauen, die in diesen schwierigen Jahren die Wirtschaftsführung sicherten und unter größtem Arbeitseinsatz die Fortführung der Landwirtschaft und damit die Nahrungsmittelversorgung gewährleisteten.

Mit dem Fortschreiten der Kriegsereignisse wurde die Nahrungsmittelversorgung immer schwieriger. „Hamstern" war an der Tagesordnung. Viele Städter mußten teure Wertgegenstände eintauschen, um das Notwendigste für das Leben zu bekommen. Den Bauern hat man das lange nicht vergessen ...

Die ersten Jahre des Wiederaufbaues waren davon gekennzeichnet, die ärgste Not zu lindern. Ein „Dach über dem Kopf" und etwas zu essen waren das Wichtigste. Die Bauern wurden aufgefordert, möglichst viel zu erzeugen. Marketing war in den Jahren des Hungers ein Fremdwort. Umwelt und Umweltschutz spielten im Bewußtsein der Bevölkerung keine Rolle. Überraschend schnell gelang es, ein zerstörtes Land zu einer neuen Blüte zu führen. Man sprach vom „Wirtschaftswunder Österreich".

„Nicht reden, nicht jammern, wenn's oft auch noch so schwer ist, sondern arbeiten, auf Gott vertrauen und arbeiten! Dann, und nur dann, werden sich auch über unserem geliebten Heimatland Österreich die Wolken wieder einmal teilen, um den milden Sonnenstrahlen einer glücklichen Zukunft Platz zu machen", schrieb Bundeskanzler Leopold Figl 1946 im ersten „Bauernkalender" nach dem Krieg.

Der Bauernstand hatte an dieser Aufbauleistung großen Anteil, was heute allzu leicht vergessen wird. Es waren vor allem die Frauen, die in den ersten Nachkriegsjahren, als die Männer vielfach noch in Gefangenschaft waren, geradezu Übermenschliches leisteten. Daß sich in dieser unruhigen Zeit einige Konjunkturritter durch Schwarzhandel und ungleiche Tauschgeschäfte bereicherten („Klavier gegen Butter"), hat zwar dem Ruf des Bauernstandes bei einem Teil der städtischen Bevölkerung geschadet, schmälert aber nicht die großen Verdienste der Bauern beim Wiederaufbau Österreichs.

Bäuerliches Leben im Wandel der Zeit

Bäuerliche Landwirtschaft hat stets eine bestimmte Wirtschafts- und Lebensform verkörpert. Der Bauer empfand sich nicht als „Herr der Natur". Bei allen notwendigen Eingriffen war ihm ein tiefer Respekt vor der Schöpfung eigen.

Sein Bestreben war es, die Naturgrundlagen zu bewahren und zu pflegen. Mit diesem Naturverhalten verknüpft war eine soziale Struktur, die auf kleine, überschaubare Gemeinschaften aufbaute: Familie, Verwandtschaft, Nachbarschaft, Genossenschaft, Dorfgemeinde. Wie im Naturverhalten herrschte auch im Sozialbereich das Prinzip Nachhaltigkeit.

Die industrielle Revolution beruht dagegen auf neuen und ganz anderen Prinzipien. Ihr Naturverhalten zielt auf „Naturbeherrschung". Wirtschaftsweise und Lebensform fallen auseinander. Die überlieferten Gemeinschaften lösen sich auf. Die industrielle Technologie bestimmt alles Wirtschaften und zunehmend auch die Landwirtschaft.

Hunger war durch die Jahrhunderte eine Bedrohung für die Menschen, auch in Westeuropa. Der Bauer war für die Versorgung der Bevölkerung unentbehrlich. Heute hat die Versorgungssicherheit im Bewußtsein der Öffentlichkeit keinen besonderen Stellenwert. Wir haben alles im Überfluß. Die Tatsache, daß Menschen verhungern und auf der anderen Seite unsere Probleme aus dem Überschuß erwachsen, ist einer der großen Widersprüche unserer Zeit. Auf die historische Bedeutung der Nahrungsmittelversorgung verweist Ernst Klein in seinem Werk „Geschichte der deutschen Landwirtschaft im Industriezeitalter". Er nimmt Bezug auf den britischen Nationalökonomen und Sozialphilosophen Robert Malthus (1766-1834), der mit seiner pessimistischen Prognose, die Nahrungsmittelproduktion könne niemals die Bevölkerungsvermehrung einholen, die Angst vor Hunger und Not am deutlichsten zum Ausdruck brachte. Für ihn war die Entwicklung der Landwirtschaft der Schlüssel für jeden weiteren Fortschritt.

Wenn Friedrich der Große (1712-1786) in der Tradition der Physiokraten erklärte: „Die Landwirtschaft ist die erste aller Künste; ohne sie gäbe es keine Kaufleute, keine Dichter und Philosophen, nur das ist wahrer Reichtum, was die Erde hervorbringt", so stand er mit dieser Ansicht nicht allein. Es entsprach auch durchaus dem Zeitgeist, daß Kaiser Josef II. auf einer Inspektionsreise in Böhmen den Pflug zur Hand nahm und Georg III. von England sich als „Farmer George" feiern ließ. Rousseaus (1712-1778) schwärmerisches „Zurück zur Natur" paßte ebenfalls in dieses Bild der Verklärung und Verherrlichung des Landlebens. Der Landbau galt nicht als Beschäftigung wie jede andere, sondern hatte erzieherischen Wert, bildete den Charakter, adelte den Menschen, ja, war geradezu „eine Art Gottesdienst". Der Bauer hatte damals hohes gesellschaftliches Ansehen. Die Kirche vermittelte ihm das Gefühl, durch die Arbeit mit dem Lebendigen unmittelbar am göttlichen Schöpfungsakt mitzuwirken. Damit verbunden waren ausgeprägte Werthaltungen. Mit dem Einzug industrieller Produktionsmethoden und mit der zunehmenden Marktsättigung bei den wichtigsten Nahrungsmitteln änderte sich dieses Bild.

Bäuerliche Strukturen und bäuerliches Denken prägten das Bild des Dorfes. Der Bauer war nicht Teil einer Minderheit, sondern bestimmende Mehrheit. Zur Mehrheit zu gehören vermittelt Sicherheit! Ich erinnere mich an eine Begebenheit aus den 60er Jahren. Unter der Regierung Klaus (1964-1970) tagte der ÖVP-Parlamentsklub damals noch auf dem Semmering. Bei einer dieser Tagungen kam es zu einer kritischen Auseinandersetzung mit den Bauern. Der Obmann des Bauernbundes, Josef Wallner, versuchte, den Bundeskanzler von der Notwendigkeit einer Preiserhöhung bei Milch zu überzeugen, was dieser mit dem Hinweis auf die Einwände des Finanzministers ablehnte. Auch eine Rücksprache mit Finanzminister Schmitz führte zu keinem positiven Ergebnis. „Dann“, so meinte Präsident Wallner, „packen wir zusammen und fahren nach Hause.“ Das wollte (und konnte!) die Regierung Klaus nicht riskieren. Eine Lösung wurde gefunden. Die Klausur nahm ihren gewohnten Verlauf.

Die Großfamilie war eine Lebensschule. Geburt, Taufe, Hochzeit und Tod waren Meilensteine im Bauernleben. Die Kinder kamen am Hof zur Welt, und die Toten wurden in der guten Stube aufgebahrt und verabschiedet.

Gegessen wurde gemeinsam an einem großen runden Tisch. Vorher wurde gebetet und nachher gedankt. „Das Zusammenleben der Menschen beruhte auf einer alten Ordnung, die niemand zu durchbrechen wagte.“

Jeder hatte seine Aufgabe und mußte seinem Alter entsprechend mithelfen. Unvergeßlich wird mir immer ein Wort bleiben, das ich seit frühester Kindheit mitbekommen habe: Zusammenhelfen. Im wechselvollen Auf und Ab des bäuerlichen Alltags kam und kommt es immer wieder darauf an, schwierige Situationen gemeinsam zu meistern.

Traditionen spielten eine große Rolle: Personalwechsel zu Maria Lichtmeß, Viehverkauf zu den traditionellen Jahrmärkten. „Sonntagarbeit bringt keinen Segen“, meinte mein Vater, „dieser Tag gehört dem Herrgott“.

Der Rhythmus der Natur bestimmte den Jahresablauf. Alles war ruhiger, gelassener, irgendwie ausgeglichener als heute.

Das Jahr war voller Geheimnisse. Mit dem Rauchfaß gingen wir betend durch das Haus, in einer ganz bestimmten Rangordnung: zuerst der Vater mit dem Weihrauch, dann die Kinder, die Großeltern und am Ende die Mutter mit dem Weihwasser. Wir segneten nicht nur unsere Räume, sondern auch unsere Tiere. Sie waren ja das Kapital und der finanzielle Rückhalt. Der Mond spielte im Arbeitsablauf eine große Rolle. „Böse Geister" wurden mit kleinen Gaben milde gestimmt.

Natürlich gab es nicht nur Harmonie und „Schöne Tage", wie Franz Innerhofer die Arbeitswelt seiner Kindheit bitter schildert: „Seine Hände waren blau. Wie viele andere hatte er sich im Winter die Hände erfroren und molk sich deshalb schwer. Auch die Milchkannen waren ihm zu schwer, und die Scheibtruhe war ihm zu schwer. Der Rührkübel war ihm zu schwer. Aber das konnte er nur fühlen und denken. Sagen durfte er das nicht. Er wollte nicht auch noch die letzte Schande auf sich nehmen. Über Arbeit klagen, war die größte Schande.

Er wollte nur noch sterben, einschlafen und nicht mehr aufwachen." (Innerhofer, F., Schöne Tage, Salzburg 1974)

Wenn mehrere Generationen zusammenleben, gibt es Spannungen und Auseinandersetzungen. Und trotzdem fühlte man sich in der Großfamilie irgendwie aufgehoben. Auf die bittere Not in vielen Bauernfamilien wird meist vergessen. Im Rückblick sieht man vieles verklärt. Es gab auch am Land große Klassenunterschiede zwischen arm und reich, ganz zu schweigen davon, wie grausam die Wirklichkeit der Nachgeborenen war, die keine Existenzgrundlage hatten, keine Familie gründen konnten und als billige familieneigene Arbeitskräfte oft nur geduldet waren. Meist bekam der Älteste den Hof. Die anderen Kinder, die sogenannten „weichenden Söhne und Töchter", mußten sich irgendwie zurechtfinden. Sie hatten in der Regel eine schlechte Ausbildung und daher auch geringe Möglichkeiten der Berufswahl.

Vergessen wir dies nicht, ziehen wir daraus die von der landsoziologischen Forschung vielfach bestätigte Erkenntnis, daß ein intaktes, auf gegenseitige Achtung und mitmenschliches Verstehen gegründetes Familienleben mehr denn je Grundlage des Fortbestandes bäuerlicher Betriebe ist.

Mit zunehmender Industrialisierung setzte eine gewaltige Abwanderung aus der Landwirtschaft ein. Die Stadt lockte mit geregelten Arbeitszeiten, einem freien Wochenende und einem gesicherten Einkommen. Die Nachfrage nach billigen Arbeitskräften aus der Landwirtschaft war groß, die Eingliederung in einen neuen Arbeitsprozeß kein besonderes Problem. Die Bauern konnten den Rückgang der Beschäftigten durch den Einsatz von Maschinen zunächst relativ leicht ausgleichen.

Bald zeigte sich aber, daß das Tempo dieser Entwicklung die Bauern finanziell und menschlich überforderte. Das Rad drehte sich immer schneller. Zunächst verließen die Knechte und Mägde den Hof, dann waren die Familienmitglieder an der Reihe. Allein in den zwanzig Jahren von 1955 bis 1975 halbierte sich der Bauernstand in Österreich. Durch den Strukturwandel gerieten viele Dörfer in eine schwere Existenzkrise: Überalterung der Bevölkerung, leerstehende Hofgebäude, Abwanderung der Jugend und eine immer stärker reduzierte Infrastruktur waren die Folgen einer Entwicklung, die vielfach mit dem Verlust von lokaler und regionaler Identität einherging.

Wesentlich rascher als allgemein erwartet konnte nach 1945 die ärgste Not gelindert und die Versorgung der Bevölkerung mit Nahrungsmitteln sichergestellt werden. Bereits Mitte der 60er Jahre zeigten sich erste Tendenzen einer Marktsättigung. Ein Viertel der Weizenproduktion, mehr als ein Drittel der Käseerzeugung und über 90.000 Rinder mußten bereits exportiert werden.

Im Dezember 1961 beschloß die österreichische Bundesregierung, in Brüssel den Antrag um Aufnahme von Verhandlungen mit der Europäischen Wirtschaftsgemeinschaft (EWG) zu stellen. Das Ziel war eine Assoziierung mit den Staaten der Gemeinschaft. Die Landwirtschaft setzte große Hoffnungen in diese Gespräche. Die Erzeugerpreise waren in der EWG höher, die Maschinenkosten niedriger und die Absatzlage günstig. Die Wissenschaft legte Prognosen vor, daß eine Selbstversorgung mit Nahrungsmitteln in der Gemeinschaft für die überschaubare Zukunft nicht zu erwarten sei. Daß diese Prognosen falsch waren und die Gelehrten die Produktionskraft der Landwirtschaft erheblich unterschätzt hatten, stellte sich erst später heraus. Als der Vertrag am 22. Juli 1972 unterzeichnet wurde, fehlte darin die Landwirtschaft. In einer allgemeinen Anmerkung wurde lediglich auf die „harmonische Entwicklung des Handels mit landwirtschaftlichen Erzeugnissen“ verwiesen. Haupthindernis für eine Eingliederung der Landwirtschaft war die Neutralität. Österreich hatte in seinem Antrag an die Gemeinschaft ausdrücklich auf die „Aufrechterhaltung seiner immerwährenden Neutralität" verwiesen. Um die Eigenständigkeit zu unterstreichen, wurde von österreichischer Seite vorgeschlagen, die Agrarmarktordnungen der Gemeinschaft zu übernehmen, Änderungen jedoch in einem eigenständigen Nachvollzug durchzuführen. Das war deshalb kompliziert, weil sich die Abschöpfungs- und Erstattungsregelungen im Handelsverkehr mit Drittstaaten vielfach täglich änderten. Ich erinnere mich an die bohrenden und immer wiederkehrenden Fragen, wie ein „Nachvollzug" ohne Störung des Marktes in der Praxis funktionieren soll.

Aus der „Entwicklungsklausel" konnte Österreich kaum Kapital schlagen. Im Gegenteil. Der Handelsverkehr mit der EWG entwickelte sich zum Nachteil Österreichs. Bei Vertragsabschluß 1972 betrug das agrarische Handelsdefizit weniger als eine Milliarde Schilling, zehn Jahre später hingegen über fünf Milliarden Schilling. Die EWG lieferte also erheblich mehr nach Österreich, als Österreich in der Gemeinschaft absetzen konnte. Es ist müßig, dafür Schuldige zu suchen. Tatsache ist, daß die EWG aus naheliegenden Gründen an der „Entwicklungsklausel" nicht sonderlich interessiert war. Tatsache ist aber auch, daß Österreich diese Klausel nicht hartnäckig genug einforderte.

In den folgenden Jahren stieg die Agrarproduktion kontinuierlich. Der Absatz im Inland stagnierte. Exporte waren teuer. Mit den Schwierigkeiten auf dem Absatzmarkt änderte sich auch das Stimmungsbild um die Landwirtschaft. Immer öfter war von den billigen Weltmarktpreisen die Rede. Das Wort von der „subventionierten Landwirtschaft" machte die Runde. Für das Selbstwertgefühl der bäuerlichen Bevölkerung hatte dies weitgehende Folgen. Dazu kam der Umstand, daß die Bauern nicht das besondere Liebkind der Regierung Kreisky waren. Das Wort des Kanzlers, man müsse den Bauern „den Brotkorb höher hängen", haben viele noch in Erinnerung. Jedes Zugeständnis an die Landwirtschaft mußte hart erkämpft werden. Immer wieder war es notwendig, mit Demonstrationen oder Blockaden die Verhandlungsposition zu behaupten und dringende Anliegen durchzusetzen.

4. Kapitel

Die Bauern in der EU Wachsen oder weichen

Am 1. Jänner 1995 wurde Österreich Mitglied der Europäischen Union. Für die Landwirtschaft war das ein gewaltiger Einschnitt. Die Bauern, gewohnt an ein System weitgehend geschützter Märkte, waren plötzlich mit dem offenen Markt der Gemeinschaft konfrontiert. Auf diese Situation waren sie nicht hinreichend vorbereitet. Zu lange hatte man sich darauf verlassen, es werde schon irgendwie weitergehen. „Die Suppe wird nicht so heiß gegessen, wie sie gekocht wird", konnte man vielfach hören. Tatsächlich mußte sich Österreich „über Nacht" auf die neuen Spielregeln der Gemeinschaft einstellen. Das war nicht vorherzusehen gewesen und spielte sich so ab:

Bisher war es üblich gewesen, daß jedes Neu-Mitglied eine mehrjährige Übergangsfrist eingeräumt bekam. Auch die österreichische Verhandlungsposition war darauf angelegt. Die Verhandlungen in Brüssel wurden aber nicht nur mit Österreich allein geführt, sondern gleichzeitig mit den skandinavischen Beitrittswerbern Schweden, Finnland und Norwegen. Rückblickend war es sicher ein Fehler, daß die Beitrittskandidaten verabsäumt hatten, in grundsätzlichen Fragen eine „strategische Allianz" zu bilden. Jeder versuchte im Alleingang, das Beste für sein

Land herauszuholen. So war es der Gemeinschaft möglich, in einer dramatischen Nachtsitzung zunächst Schweden für einen Beitritt ohne Übergangsfrist zu gewinnen. Den anderen Bewerbern blieb nach diesem „Durchbruch" praktisch keine andere Wahl. In diesem abrupten Einstieg in den Binnenmarkt liegt eine der Ursachen für den Unmut der Bauern.

Es wäre aber zu einfach, der EU generell die Schuld an den Sorgen der Landwirtschaft und den Strukturproblemen der nachgelagerten Bereiche in die Schuhe zu schieben. Die Probleme waren vorher da und hätten auch ohne EU gelöst werden müssen. Ein geschützter Markt war sicher in mancher Hinsicht bequem. Er hat aber leider auch dazu geführt, daß wichtige Entscheidungen zu spät getroffen wurden.

Die Agrarpolitik der Europäischen Union

Die agrarpolitische Diskussion in Österreich wie in der EU dreht sich heute vorwiegend um Überschüsse und Finanzlasten. Die eigentlichen Probleme liegen tiefer. Das große Thema unserer Zeit ist die Umwelt. Die Frage, wie das Land künftig bewirtschaftet werden soll, ist daher von Bedeutung. Will man einige wenige Großbetriebe mit Massentierhaltungen und Monokulturen, oder soll eine breite bäuerliche Struktur die Grundlage der Landbewirtschaftung sein? Von dieser Entscheidung hängt es ab, welches Gesicht der ländliche Raum haben wird und welche Lebensqualität die Menschen dort vorfinden werden.

Das System der EU-Agrarpolitik wurde Ende der 50er Jahre entwickelt. Die Gemeinschaft war zu diesem Zeitpunkt Zuschußgebiet. Man lebte in der frischen Erinnerung an den Nahrungsmittelmangel nach dem Zweiten Weltkrieg. Die Steigerung der Produktivität war daher oberstes Ziel. Darauf wurde ein Marktordnungssystem mit Preis- und Absatzgarantien aufgebaut. Ein wirkungsvoller Außenschutz sollte störende Einflüsse aus „Drittländern" verhindern. Rückblickend hat die Gemeinschaft – so wie Österreich – den zeitgerechten Umstieg auf Qualität und Markt verpaßt und viel wertvolle Zeit verloren. Offenbar glaubte man, mit den steigenden Produktionsmengen „schon irgendwie fertig zu werden". Das hat sich als Irrtum erwiesen. Die wirtschaftlichen Ergebnisse auf dem Agrarsektor waren beachtlich. Die Produktivität stieg schneller als in der Industrie. Neue Produktionsmethoden führten innerhalb weniger Jahre zu einer früher ungeahnten Produktionssteigerung. Die Konsumenten konnten aus einer breiten Angebotspalette wählen. Die Not der Nachkriegsjahre war rasch vergessen.

Schon nach wenigen Jahren zeigten sich aber deutliche Schwachstellen in der EU-Agrarpolitik. Einerseits stieg das Finanzerfordernis beträchtlich, andererseits blieb die Einkommensentwicklung in der Landwirtschaft deutlich hinter jener anderer Berufsgruppen zurück. In dieser Situation legte der Vizepräsident der EU-Kommission, Sicco Mansholt, 1968 einen Plan zur „Reform der Landwirtschaft" vor. Sein Ziel war die Beseitigung der Einkommensunterschiede zwischen der Landwirtschaft und den anderen Wirtschaftsbereichen. Die Mittel waren radikal: Durch gezielte Aktionen sollte die Abwanderung aus der Landwirtschaft dramatisch beschleunigt werden. Vorgesehen war eine Halbierung der Beschäftigten von zehn auf fünf Millionen innerhalb eines Jahrzehnts. Ohne Rücksicht auf gewachsene Strukturen und regionale Unterschiede sollten Klein- und Mittelbetriebe zum Ausscheiden gedrängt werden. Die Förderung war auf sogenannte „entwicklungsfähige Betriebe" abgestellt. Nur wer über eine bestimmte „Mindestgröße" verfügte, sollte eine Unterstützung bekommen. „Wachsen oder weichen" hieß die Parole. Dieses Konzept wurde verständlicherweise von den Landwirten heftig bekämpft. Letztlich wurde der Mansholt-Plan abgelehnt.

Der Vorschlag von Sicco Mansholt berücksichtigte nur die Landwirtschaft. Der ländliche Raum spielte in seinen Überlegungen keine besondere Rolle. Später revidierte er sein Konzept. 1992, wenige Jahre vor seinem Tod, schrieb er dazu in der Hamburger Wochenzeitschrift „Die Zeit":

„Die Landwirtschaft hat nur dann eine Zukunft, wenn gesicherte Rahmenbedingungen geschaffen werden, um die Vielfalt der Erwerbskombinationen zu fördern und eine Einheit zwischen ländlichem Raum und Landwirtschaft zu erzielen."

Die Gemeinschaft entdeckt den ländlichen Raum

Mitte der 70er Jahre änderten sich die wirtschaftlichen Rahmenbedingungen erheblich. Die Europäische Union entwickelte sich zu einem Überschußgebiet bei den meisten Grunderzeugnissen wie Getreide, Milch, Zucker und Fleisch. „Weizen- und Butterberge" waren die Folge. Hohe Finanzlasten die Konsequenz daraus. Immer drängender wurde die Frage, wie man einen besseren Ausgleich von Angebot und Nachfrage erzielen könnte.

Umweltschäden lenkten die öffentliche Aufmerksamkeit auch auf die Landwirtschaft. Die Frage, ob die langfristigen Folgen der modernen Agro-Technik zu verantworten seien, wurde immer öfter und immer deutlicher gestellt. Vor allem die Gefährdung des Grundwassers und die Verarmung der Natur verfolgten viele mit großer Sorge. Schließlich stellte man fest, daß die bisherigen Maßnahmen der Agrarpolitik eine Abwanderung nicht verhindern konnten. Vor allem die Jugend verließ in Scharen die Landwirtschaft und zum Teil auch den ländlichen Raum. Mit verschiedenen Programmen versuchte man, die Entwicklung zu steuern. Die Erfolge waren bescheiden. Der Einkommensdruck wurde immer größer, die Marktentlastung funktionierte nur unzulänglich. Eine Frustration bei allen Beteiligten war die Folge. Erst im Jahr 1988 kam es zu einer grundlegenden Reform der Strukturpolitik, und vier Jahre später, im Jahr 1992, wurde die Agrarpolitik reformiert. Der Bericht der Kommission über „Die Zukunft des ländlichen Raums" war der Ausgangspunkt für die Strukturreform. Man wollte nicht mehr – so wie bisher – isoliert einzelne Sektoren fördern, sondern den gesamten ländlichen Raum entwickeln. In der Stellungnahme des Wirtschafts- und Sozialausschusses heißt es dazu: „Ziel einer Politik für den ländlichen Raum muß es sein, die ökonomische Lebensfähigkeit des ländlichen Raumes zu erhalten und zu stärken. Im ländlichen Raum wurzelt die Vielfalt des kulturellen, baulichen und landschaftlichen Europas. Deshalb gehört zu einer Politik für den ländlichen Raum nicht nur die Abstimmung mit der Gemeinsamen Agrarpolitik, sondern auch mit der Wirtschaftspolitik, der Regionalpolitik und der Sozialpolitik auf allen Ebenen. Nur mit einem regionalen integrierten Entwicklungsprogramm können die Probleme, vor denen sich viele Regionen im ländlichen Raum heute befinden, langfristig gelöst werden."

Die Reform der Strukturfonds war die konkrete Umsetzung dieser neuen Orientierung. Man wollte die Möglichkeit schaffen, die Finanzmittel dort gezielt einzusetzen, wo der größte Bedarf besteht. Im einzelnen wurden folgende Förderbereiche geschaffen:

Ziel 1: Regionen mit Entwicklungsrückstand
Ziel 2: Regionen mit rückläufiger industrieller Entwicklung
Ziel 3: Bekämpfung der Langzeitarbeitslosigkeit
Ziel 4: Erleichterung der Eingliederung von Jugendlichen in das Erwerbsleben
Ziel 5a: Anpassung der Erzeugungs-, Verarbeitungs- und Vermarktungsstrukturen in der Land- und Forstwirtschaft
Ziel 5b: Förderung der Entwicklung des ländlichen Raumes
Ziel 6: Förderung für Gebiete mit weniger als acht Einwohnern pro Quadratkilometer. Diese Regelung wurde im Zusammenhang mit dem Beitritt der nordischen Länder geschaffen.

Die EU-Agrarreform 1992

Eine Wende in der EU-Agrarpolitik markierte die Reform 1992. Dazu schreibt die Kommission in ihrer Begründung: „Ein System, bei dem die Stützung an die erzeugten Mengen gebunden ist, stellt einen Anreiz dar, immer mehr zu erzeugen, und verführt zu einer Intensivierung der Produktionsmethoden. Bleibt diese Entwicklung sich selbst überlassen, so hat sie sehr nachteilige Folgen: Dort, wo intensive Produktionsweisen vorherrschen, kommt es zu einem Mißbrauch der Natur, zur Verschmutzung der Gewässer und zu einer Degradierung der Böden. Wo das Land nicht mehr bewirtschaftet wird, weil die Erzeugung zunehmend bodenunabhängig ist, sind die Folgen Verödung und Versteppung."

Im Zuge der Reform wurden die Erzeugerpreise bei wichtigen Schlüsselprodukten gesenkt. Als Ausgleich bekommen die Bauern Direktzahlungen, die bei Ackerfrüchten auf die Fläche und bei Vieh auf die Bestände abgestellt sind. Diese Zahlungen sind mit Maßnahmen zur Extensivierung verknüpft. Umweltleistungen können im Rahmen spezieller Programme gesondert abgegolten werden. Ergänzt wurde die Reform durch ein Programm zur Stillegung landwirtschaftlicher Kulturflächen. Schließlich wurde eine Vorruhestandsregelung für ältere Landwirte eingeführt und Maßnahmen zur Aufforstung landwirtschaftlicher Flächen beschlossen. Ziel der Agrarreform 1992 ist es, landwirtschaftliche Produktionsmethoden zu fördern, die den natürlichen Lebensraum schützen. Zugleich soll die umweltgerechte Landwirtschaft die Märkte entlasten. Die Beihilfen sollen Bauern, die ökologisch wirtschaften, für damit verbundene Einkommenseinbußen entschädigen.

Weitgehend unbestritten waren die Überlegungen zur Förderung einer umweltverträglichen Landwirtschaft. Heftig umstritten dagegen waren Vorschläge zur Preispolitik. „Die Landwirte dürften nicht von Zuschüssen aus öffentlichen Haushalten abhängig sein, sondern müßten ihr Einkommen in erster Linie auf dem Markt erzielen", forderte der deutsche Landwirtschaftsminister Ignaz Kiechle. Der Plan wurde schließlich mit einigen Modifikationen angenommen. Eine wesentliche Rolle spielte dabei der Umstand, daß die EU im Zuge der GATT-Verhandlungen gezwungen war, ihr Agrarsystem umzustellen.

Es war das große Verdienst des irischen Kommissars Ray Mac Sharry, die Agrarpolitik von einer engen sektoralen Sicht in eine Perspektive der Gesamtentwicklung des ländlichen Raumes hineinzuführen. Dieser ganzheitliche Ansatz ist eine zukunftsweisende Weichenstellung. Auch die Förderung einer umweltfreundlichen Landwirtschaft weist Wege in die richtige Richtung. Die komplizierte Verwaltung und der hohe Kontrollaufwand sind besondere Nachteile dieser Reform. Sie zwingen die Bauern in neue Abhängigkeiten. Ob und in welcher Form die Ausgleichszahlungen Bestand haben, wird wesentlich davon abhängen, wie weit es gelingt, diese Zahlungen in einen engeren Zusammenhang mit den Umwelt- und Kulturleistungen der Bauern zu bringen. Dazu der österreichische EU-Kommissar Franz Fischler, der sein Amt im Jänner 1995 angetreten hat: „Der entscheidende Punkt für mich ist, daß derartige Ausgleichszahlungen, wenn man diesen Weg weitergeht, nicht eine Sache von wenigen Übergangsjahren sein können; das muß eine langfristige Sache sein. Und ich bin davon überzeugt, wenn wir das langfristig für die Landwirte sichern wollen, dann müssen wir den Weg der Anbindung an die Ökologie gehen ... Und damit würde man dann auch endlich diese unsinnige Subventions- und Förderungsdiskussion wegbekommen. Hier geht es um Leistungsabgeltung und um nichts anderes." (top agrar 1/96)

Vor der Staatsbürgerlichen Gesellschaft des Kantons Luzern präzisierte Kommissar Fischler am 5. Februar 1996 seine Vorstellungen: „Eine uneingeschränkte Beibehaltung der derzeitigen Agrarpolitik wäre keine gute Entscheidung, denn sie würde die Landwirtschaft in absehbarer Zeit unter Druck von seiten der Liberalisierung des Weltmarktes als auch der gesellschaftlichen Akzeptanz bringen und außerdem die Landwirtschaft in ihrem Entwicklungspotential stark einschränken. Im Gegensatz dazu wäre eine radikale Reform, so attraktiv diese auf dem Papier auch scheinen mag, mit zahlreichen sozial- und umweltpolitischen Risken behaftet. Dies könnte für etliche Regionen und gerade auch für das Bergbauerngebiet sehr negative Folgen haben. Ich vertrete deshalb die Ansicht, daß wir einen Mittelweg gehen sollten, in Form einer Weiterentwicklung der Reform von 1992. Dabei sollen drei Optionen im Vordergrund stehen:

1. Verbesserung der Wettbewerbsfähigkeit,
2. eine integrierte Politik für den ländlichen Raum sowie
3. eine Vereinfachung der getroffenen Maßnahmen.

Von der enormen Bedeutung der Verbesserung der Wettbewerbsfähigkeit habe ich bereits gesprochen. Sie beinhaltet einen weiteren Abbau der Preisstützung, wobei sinkende Preise, wo notwendig, durch direkte Zahlungen ausgeglichen werden. Ausgleichszahlungen sollen den Landwirten einen Ausgleich für deutliche Senkungen der Stützungspreise bieten." Und weiter führte Fischler aus: „Nicht nur die Landwirtschaft, auch alle anderen Sektoren in den ländlichen Gebieten müssen in eine umfassende Politik des ländlichen Raumes miteinbezogen werden. Die Instrumente, die hierzu zu entwickeln sind, müssen von einem multisektoriellen Ansatz ausgehen, bei dem alle Bereiche – wirtschaftliche, soziale und kulturelle – Berücksichtigung finden. Darunter fällt die Unterstützung der Klein- und Mittelbetriebe, des Handels und des Handwerks genauso wie der Umweltschutz, eine verstärkte Integration und Zusammenarbeit zwischen den verschiedenen Bereichen der Wirtschaft, mit dem Ziel, eine dauerhafte Wettbewerbsfähigkeit der jeweiligen ländlichen Region zu erreichen, die Ansiedlung neuer Betriebe zu fördern und das Entwicklungspotential für bestehende Unternehmen zu verbessern."

Eine Weiterentwicklung der EU-Agrarpolitik ist notwendig. Dafür sprechen mehrere Gründe. Zum einen steht die Gemeinschaft vor einer Erweiterung durch neue Beitrittswerber wie Slowenien, Ungarn, Polen, Tschechien oder die Slowakei. Diese Länder verfügen über ein gewaltiges Produktionspotential in der Landwirtschaft. Die automatische Übernahme des derzeitigen EU-Agrarsystems würde bedeutende Auswirkungen auf die Finanzlage der Gemeinschaft haben.

Auf der anderen Seite beginnt in wenigen Jahren die nächste Welthandelsrunde. Vieles deutet darauf hin, daß im Bereich der Landwirtschaft mit weiteren Liberalisierungsschritten zu rechnen ist. Entscheidend für die Zukunft der europäischen Landwirtschaft wird sein, wie weit es gelingt, bei dieser Konferenz Ökologie und Umwelt ins Spiel zu bringen und in den Vereinbarungen entsprechend zu verankern.

5. Kapitel

Aufbruch zu neuen Ufern
Politik für den ländlichen Raum

Wie entstand eigentlich die heute zu einem allgemeinen Begriff gewordene Politik für den ländlichen Raum? Im Herbst 1969 wurde ich zum Direktor des Österreichischen Bauernbundes bestellt. Meine Aufgabe war es, Mittel und Wege zu finden, um das Leben der bäuerlichen Bevölkerung zu verbessern. Dabei wählte ich einen Ansatz, der weit über die gängigen Ziele der Agrarpolitik hinausging. Ich legte ein Konzept zur Entwicklung des gesamten ländlichen Raumes vor. Die Einbindung aller Berufs- und Bevölkerungsgruppen spielte dabei eine zentrale Rolle. Was waren die Gründe für diesen Schritt?

Ich stamme aus einem Tiroler Hochtal. Die Wildschönau mit über 3.500 Einwohnern und etwa 260 Bergbauernbetrieben ist zwar wunderschön, nach Mansholt hätte dieses Tal aber nie besiedelt werden dürfen. Der Boden ist karg, der Winter ist lang, die Wiesen sind steil. Trotzdem konnte ich erleben, daß die Menschen in meiner Heimat ein gutes Auskommen haben, und zwar nicht erst seit der Tourismus in unser Tal Einzug gehalten hat. Für den Erfolg gibt es viele Gründe. Aus meiner Sicht war der Schlüssel für diese Entwicklung der Zusammenhalt der Bevölkerung, unabhängig von Alter, Berufszugehörigkeit oder der Mitgliedschaft bei einer Partei. Die Gemeinschaft, der ländliche Raum in seiner Einheit, waren und sind wichtiger als lokale Gruppeninteressen. Mein zweites Schlüsselerlebnis hatte ich schon zehn Jahre davor in den Vereinigten Staaten. Ich studierte an der Universität von Illinois, mitten im Herzen einer reichen Agrarregion. Bereits damals konnte man sehen, wohin die Entwicklung führt, wenn nur einige wenige Großbetriebe das Land besiedeln. Weit und breit keine Schule, ohne Auto war ein Arzt überhaupt nicht zu erreichen, kaum Gaststätten, selten Lebensmittelgeschäfte. Wer etwas zu erledigen hatte, mußte jedesmal ins nächste Zentrum reisen. Im Winter war das gar nicht so einfach. Die Straßen waren schmal, die Schneeräumung war ungenügend. Oft hörte ich, wie amerikanische Siedler vom Dorfleben in „Old Europe" träumten.

Die Idee, den ländlichen Raum als eine Einheit zu betrachten, wurde in Österreich zunächst zwiespältig aufgenommen. Das Echo in der breiten Öffentlichkeit war von Anfang an positiv. Die Sehnsucht nach dem Land konnte man in der städtischen Bevölkerung deutlich spüren. In der bäuerlichen Welt dagegen sprachen Pessimisten von einem Verzetteln in Nebensächlichkeiten. Sie meinten, daß es lediglich darauf ankäme, die Nahrungsmittelproduktion zu verbessern und den Absatz der bäuerlichen Produkte zu guten Preisen zu sichern. Heute ist das Konzept des ländlichen Raumes allgemein anerkannt. Bis es soweit war, galt es einige Vorurteile zu überwinden: Für viele war der ländliche Raum gleichbedeutend mit der Landwirtschaft. Das ist verständlich. Durch die Jahrhunderte war die Landwirtschaft nahezu der einzige prägende Faktor auf dem Lande. Das hat sich geändert. Das Zusammenwirken aller Berufsstände im ländlichen Raum ist eine wichtige Voraussetzung für eine erfolgreiche Entwicklung dieses Raumes. Nach wie vor hat die Landwirtschaft eine prägende Funktion. Ohne Bauern verliert das Land seine „Seele". Aber die Landwirtschaft allein kann die Zukunft des ländlichen Raumes nicht sichern. Handel und Gewerbe, die Klein- und Mittelindustrie, der Tourismus und das bodenständige Handwerk spielen eine zentrale Rolle.

In der Raumordnung war man daran gewöhnt, den ländlichen Raum als eine „Restgröße" zu sehen. Man sprach vom „Ergänzungsraum" zur Stadt. Das Land hatte eine „dienende Rolle". So wie in der Vergangenheit gibt es auch heute Strömungen, unsere Dörfer und die ländlichen Gebiete als Ergänzungs- und Ausgleichsraum zu sehen. Ich widerspreche diesem „Denken in Reservaten" entschieden. Natürlich ist der ländliche Raum für viele Ausgleich und Erholung. Zweitwohnsitze, Wochenend- und Alterswohnsitze und andere Formen des Lebens auf dem Lande weisen in diese Richtung. Damit wird das Dorf aber zum Ruheraum, statt zu einem aktiven Lebensraum. Wer den ländlichen Raum so einseitig definiert, der will nichts anderes als eine ins Grüne verlängerte Stadt. Er übersieht dabei, daß der ländliche Raum trotz seiner zahlreichen Verflechtungen mit der Stadt in erster Linie als „Kontrastraum", also als eigenständiges und andersartiges Phänomen existiert. In diesem „Anderssein" liegt der besondere Reiz des ländlichen Raumes – auch für die Stadt.

Schließlich galt und gilt es, ein Bewußtsein zu entwickeln für die engen Wechselbeziehungen von Stadt und Land. Viele Probleme scheinen nur deshalb gelöst, weil man sie einfach ins Hinterland verlagert hat. Ich halte nichts davon, Stadt und Land gegenseitig auszuspielen. Stadt und Land sind Partner, heißt es in Reden und Publikationen. Ich glaube: Stadt und Land sind gleichwertige Partner. Einer braucht den anderen! Die Stadt lebt ökologisch vom Land, und das Land lebt ökonomisch von der Stadt. Trotz dieser Wechselbeziehung – oder gerade deshalb – ist die eigenständige Entwicklung des ländlichen Raumes, die Respektierung des Maßstabes dieses Raumes und die Teilnahme an der allgemeinen Entwicklung eine wichtige Voraussetzung für das Selbstverständnis der Bevölkerung. Hier ist ein Wunsch anzuschließen. Leider gibt es derzeit nur wenige fundierte Arbeiten über die vielschichtigen wirtschaftlichen, gesellschaftlichen, sozialen und kulturellen Veränderungen im ländlichen Raum. Gerade deshalb könnte es für Vertreter verschiedener Disziplinen in Universitäten und Fachhochschulen reizvoll sein, diesen stürmischen Entwicklungen forschend nachzuspüren und sie wissenschaftlich zu begleiten.

Analysen über den ländlichen Raum werden meist mit einer langen Liste von Problemen eingeleitet: Schlecht erschlossen, wenig Arbeitsplätze, unzureichende medizinische Versorgung, mangelnde Ausbildungsmöglichkeiten usw. Ich halte diesen Ansatz für falsch. Wer überall nur Probleme sieht, wird keinen Blick für die Chancen haben. Der ländliche Raum braucht eine Perspektive der Hoffnung! Wenn wir wollen, daß sich junge, aktive Menschen für diesen Raum entscheiden, müssen wir mehr als bisher die positiven Seiten und die Chancen des ländlichen Raumes herausstellen: Der ländliche Raum ist ein interessanter Wohnstandort. Der unmittelbare Bezug zur Natur und die überschaubaren Strukturen verleihen diesem Raum eine besondere Qualität. Als Erholungs- und Freizeitraum genießt er eine zunehmende Wertschätzung. Der ländliche Raum präsentiert kulturelle Vielfalt, die in der Vielfalt der Landschaften wurzelt. Er ist Standort der Land- und Forstwirtschaft sowie wichtiger Bereiche von Handel, Gewerbe und Industrie. In Verbindung mit den modernen Möglichkeiten der Telekommunikation bietet der ländliche Raum die Möglichkeit, die besonderen Qualitäten von Natur und Umwelt in idealer Weise mit attraktiven Beschäftigungsmöglichkeiten zu kombinieren. Johann Millendorfer von der Studiengruppe für Internationale Analysen in Laxenburg bei Wien spricht in diesem Zusammenhang von einem „Produktionsfaktor höherer Ordnung". Der Wissenschafter wörtlich: „Das Land ist ein Lebensraum wie eine wunderschöne Fußgängerzone. Dies ist auch der Grund, weshalb das Land eine solche Anziehungskraft für den Städter ausübt. Es ist beherrscht von dem lebendigen System der Natur."

US-Zukunftsforscher John Naisbitt sieht im Leben auf dem Lande „ein neues Statussymbol". Natürlich hat es keinen Sinn, nur rosig zu sehen und die Augen vor schwierigen Problemen zu verschließen. Der ländliche Raum ist von innen und außen in vielfältiger Weise bedroht. Doch wäre es falsch, ihn generell als „benachteiligt" zu bezeichnen. Es gibt Gebiete mit guten Strukturen und Entwicklungschancen, aber auch Regionen mit schwierigen Lebensbedingungen, in manchen Fällen sogar mit einer ausgesprochenen Notlage. Grundsätzlich haben wir es mit zwei Richtungen zu tun: Einmal mit Abwanderungstendenzen, verbunden mit einem zunehmenden Funktionsverlust. Wer das Land verläßt, schwächt die Zurückgebliebenen. Der schwedische Nobelpreisträger Gunnar Myrdal spricht von einer „negativen Spirale", die ohne Gegenmaßnahmen zum Zusammenbruch ländlicher Sozialsysteme führen könnte. Zum anderen haben wir es im ländlichen Raum mit einer Urbanisierung samt diversen negativen Auswirkungen zu tun. Wer kennt nicht die Folgen der Zersiedlung, wobei man eigenartigerweise immer nur vom Stadt-Rand und nicht vom Land-Rand spricht. In diesem grauen Zwischenmilieu kommt es zum Gesichtsverlust, zum Kulturverlust, aber auch zum Verlust von fruchtbarem Boden.

In der Diskussion um den ländlichen Raum spielt auch die Abgrenzung eine gewisse Rolle. Wo endet die Stadt, wo beginnt das Land? Eine allgemein anerkannte Abgrenzung gibt es nicht, die Übergänge sind fließend. Industrievororte größerer Städte sind funktionell meist auf den Ballungsraum orientiert und zählen daher nicht zur ländlichen Region. Andererseits sind viele Kleinstädte wegen ihrer Versorgungsfunktion und ihrer Ausstrahlung auf das Umland dem ländlichen Raum zuzuordnen. In ihrem Grundsatzprogramm „Die Zukunft des ländlichen Raums" trifft die Europäische Union folgende Feststellung:

„80 Prozent der Fläche und etwa 50 Prozent der gesamten Bevölkerung der EU werden dem ländlichen Raum zugerechnet." Daran sollte man festhalten. Die Abgrenzung ist von erheblicher Bedeutung für das politische Gewicht des ländlichen Raumes.

Die Zeit ist vorbei, in der man davon ausgehen konnte, daß die meisten Menschen unbedingt in der Großstadt leben wollen und auch dorthin ziehen würden, wenn sie könnten. Man weiß heute, daß es auf dem Lande Qualitäten gibt, die man in den Großstädten kaum mehr findet. Die ländlichen Regionen besitzen meist noch eine intakte Natur, hochgeschätzt werden menschliche Tugenden wie Einfachheit, Fleiß, Einsatzbereitschaft, aber auch Brauchtum, Gemeinschaftsleben und Nachbarschaft. Bauernhöfe bilden immer noch eine Einheit von Familie, Haushalt und Betrieb.

In einer Umwelt, die immer künstlicher wird, wächst das Bedürfnis des Menschen nach dem Ursprünglichen. Man lernt wieder den Duft des Bauernbrots zu schätzen, die natürliche Maserung des Holzes oder die Silhouette eines gewachsenen Dorfes. Villenbesitzer erhöhen ihr Prestige durch alte Truhen. Pferdegeschirre wandern aus verlassenen Ställen an die Wände von Autoraststätten. Übersättigte Cocktailparty-Besucher delektieren sich am echten Bauernspeck.

Eine Analyse der Bevölkerungsentwicklung in wichtigen europäischen Städten wie Brüssel, Mailand oder München zeigt, daß die Bevölkerung aus den Stadtkernen abwandert, in den Stadt-Umland-Gebieten dagegen geradezu ein explosionsartiger Zustrom zu verzeichnen ist. Fast noch dramatischer als in Europa ist die Entwicklung in den Vereinigten Staaten. Die Bevölkerung von Washington D.C. beispielsweise schrumpfte von 756.000 Einwohnern (1970) auf 554.000 (1996). Im Stadt-Umland-Gebiet dagegen leben mehr als zwei Millionen Menschen.

Bevölkerungsentwicklung in wichtigen europäischen Städten (in Tausend)

Brüssel	1.075 (1970)	950 (1993)
Düsseldorf	664 (1970)	575 (1993)
Essen	698 (1970)	622 (1993)
Glasgow	897 (1970)	684 (1992)
Kopenhagen	1.380 (1970)	621 (1994)
Mailand	1.724 (1970)	1.359 (1992)
München	1.294 (1970)	1.256 (1993)
Neapel	1.233 (1970)	1.072 (1992)
Turin	1.178 (1970)	953 (1992)
Wien	1.621 (1970)	1.592 (1995)

Quellen: Erhebung 1970: Mitschell, B.R., European Historical Statistics, 1750 1975, Chippham, 1987, S. 86-88
Erhebung 1992/93/94: Statistisches Bundesamt, Statistisches Jahrbuch 1995 für das Ausland, Wiesbaden, 1995, S. 211-212

Zum Unterschied von Europa und Teilen Nordamerikas sind viele Städte in Asien, Afrika und Südamerika explosionsartig gewachsen. Nach Schätzungen der Vereinten Nationen werden viele dieser Megastädte durch ihr ungehemmtes Wachstum immer stärker zu Städten des Elends.

Europa hat das Glück, von solchen Megalopolen verschont zu sein. In den meisten Regionen unseres Kontinents gibt es noch überschaubare Ballungszentren und einigermaßen intakte ländliche Räume. Politiker und Experten befassen sich seit langem mit der „Zukunft der Stadt". Mindestens so dramatisch ist die Frage nach der „Zukunft des Landes". Wer kennt den idealen Weg?

Eines ist sicher: Konzepte für den ländlichen Raum müssen von den regionalen Gegebenheiten ausgehen und die lokalen Initiativen auf jede nur mögliche Weise unterstützen. Sie müssen alle Berufs- und Bevölkerungsgruppen umfassen und dürften nicht isoliert die Landwirtschaft allein sehen. Den ländlichen Raum zu sichern heißt auch, die Dörfer wirtschaftlich, sozial und kulturell lebensfähig zu halten. Das setzt die Bewahrung ihres besonderen Charakters voraus.

Das Land hat Zukunft

Der Schlüssel für die Entwicklung des ländlichen Raumes liegt allerdings in erster Linie bei den Menschen dieses Raumes. Natürlich müssen die Rahmenbedingungen stimmen. „Man muß nicht nur die Kirche im Dorf lassen. Auch öffentliche Einrichtungen wie Gemeindeverwaltungen, Schule, Post, Polizei und Feuerwehr müssen bürgernah zur Verfügung stehen. Die demographische Entwicklung darf nicht Vorwand sein, auf Kosten der Bürgernähe weiter zu zentralisieren", betont der Deutsche Städte- und Gemeindebund in seinem „Aktionsprogramm Ländlicher Raum". Aber die besten Rahmenbedingungen helfen wenig, wenn die Menschen nicht bereit sind, ihr Schicksal selbst in die Hand zu nehmen und aktiv mitzuwirken. Es ist wie in der Medizin: Das beste Medikament hilft nur dann, wenn der Patient gesund werden will. „Optimismus ist Pflicht“, sagt Sir Karl Popper.

Ein Beispiel für die Aufbruchsstimmung im ländlichen Raum ist die Dorferneuerung. Begonnen hat alles mit der Verschönerung von Fassaden oder der Verbesserung von Ortsplätzen. Bald erkannte man, daß Teillösungen nicht zum Ziele führen. Der nächste Schritt war die Entwicklung eines Leitbildes für das ganze Dorf. Schließlich setzte man den nächsten entscheidenden Schritt und stellte die Dorferneuerung auf ein geistiges Fundament. Wo kommen wir her? Wer sind wir? Wohin gehen wir? Welche Rolle haben wir in der Gemeinde, in der Region oder im Land? Was ist das Besondere, das Unverwechselbare meines Ortes, meiner Region? Erst vor dem Hintergrund dieser Fragestellungen wurde die Dorferneuerung zu einer geistigen Bewegung. Viele haben durch die Dorferneuerung neuen Mut geschöpft. Wertvolle Initiativen in der Wirtschaft, im Gemeinschaftsleben oder in der Kultur gehen auf die Dorferneuerung zurück.

Wenn es um die ländliche Entwicklung geht, werden die USA meist negativ zitiert. Ich möchte ein positives Beispiel bringen und dabei zeigen, wie wichtig es ist, daß eine ganze Region zusammenwirkt: In der „New York Times“ las ich einen bemerkenswerten Artikel über eine Kleinstadt im Bundesstaat Colorado. Inmitten einer Agrarregion mit vielen Problemen und wenig Hoffnung leuchtet Brush-City wie ein funkelnder Edelstein. Das war nicht immer so. 15 Prozent Arbeitslose, Rückgang der Bevölkerung und eine starke

Abwanderung der Jugend kennzeichneten noch vor zehn Jahren die triste Situation. Heute hat dieser Ort zu einer neuen Blüte gefunden. Das Selbstbewußtsein, die Freude und der Stolz der Bewohner sagen mehr als Strukturanalysen und Wirtschaftsprognosen. Was war passiert? Wo liegt das „Geheimnis" von Brush-City? Ich machte mich auf den Weg, dieses Rätsel zu ergründen. Informationen bei offiziellen Stellen waren nicht sonderlich ermutigend. Es gäbe nichts zu sehen und schon gar nichts zu lernen, versicherte man mir. Schade um eine lange Reise in ein Städtchen mit 5.000 Einwohnern, etwa 150 Kilometer östlich von Denver. Ich ließ mich nicht abhalten – und es hat sich gelohnt.

An einem stürmischen Oktobertag mit Windverfrachtungen, die sogar einem Menschen aus dem Gebirge Angst machen, erreichte ich mit meiner Frau Brush-City. Am Ortseingang fanden wir eine nette Bleibe. Da es bereits Abend war, nutzten wir die Gelegenheit, unsere unmittelbare Umgebung zu erkunden. Als erstes konfrontierte ich die Verwalterin unseres Motels mit meinem Zeitungsartikel und fragte, wo es denn hier etwas Besonderes gäbe. Sie griff in die Schublade, reichte mir voll Stolz einen Artikel aus der „Washington Post" und meinte, sie wäre zwar nicht aus Brush-City, müsse aber anerkennen, daß es die Menschen hier verstanden hätten, aus einer schwierigen Situation etwas Originelles zu machen. Während wir sprachen, kamen mehrere Telefonanrufe wegen einer Unterkunft. „Leider haben wir gerade die letzten beiden Zimmer vergeben", sagte Madame bedauernd. Alle 60 Räume waren an diesem gewöhnlichen Wochentag ausgebucht.

Auf unserer abendlichen Rundfahrt fiel uns auf, daß die meisten kleinen Häuser in einem ordentlichen, fast gepflegten Zustand sind: Überall Sauberkeit, kein Papier auf der Straße, keine Dosen am Wegrand. Ansonsten eine übliche Kleinstadt. Aus Zeitungsberichten wußte ich, daß Brush-City eine außergewöhnliche Tele-Attraktion besitzt – Amerikas größte Viehversteigerung über Satellit. Jim Odle, ein Selfmademan, war zunächst Viehhändler der traditionellen Art. Eines Tages vermittelte er auf einer Versteigerung den Kauf zwischen zwei Nachbarn, die lediglich 20 Kilometer voneinander entfernt ihre Betriebe hatten, aber rund 400 Kilometer bis zur Viehversteigerung fahren mußten. „Das kann doch nicht sinnvoll sein, da sollte es doch eine intelligentere Lösung geben", meinte Jim. So entstand die erste amerikanische Viehversteigerung, die über Satellit abläuft. Der Jahresumsatz liegt bei über einer Million Tiere.

„Ist dies das Geheimnis von Brush-City?", fragte ich. „Nein, nein", antwortete Mister Odle. „Das Geheimnis sind die Menschen und ihre Einstellung. Als wir vor zehn Jahren eine eher hoffnungslose Zukunft vor uns sahen, haben wir uns zusammengesetzt und viel miteinander gesprochen, wie es weitergehen soll. Wir sind hier zu Hause, wir lieben unsere Heimat und wir wollen nicht nur überleben, sondern leben. Wir sind entschlossen, unsere Stärken zu suchen, hart zu arbeiten und, vor allem, nicht aufzugeben. Wie Sie sehen, der Einsatz hat sich gelohnt." Das Gespräch in der Stadtverwaltung verlief ähnlich. Mit Freude berichtete man uns von mehreren geglückten Pilotprojekten: Nach vielen Diskussionen fiel die nicht leichte

Entscheidung zur Errichtung einer privaten Erziehungsanstalt für etwa 150 Jugendliche. Der Spitalsausbau für das ganze Gebiet bewährt sich sehr. Auch ein Seniorenheim für Alzheimer-Kranke, verbunden mit einem Forschungsinstitut, wurde realisiert. Dank eines kleinen Erdgasvorkommens, das man für die Energieversorgung nutzt, läßt sich eine Gemüseproduktion im Glashaus betreiben. Die Farmer haben mit Verarbeitungsbetrieben Lieferverträge abgeschlossen – alles Beispiele für einen erfolgreichen Weg.

„Wir haben viele Vorteile hier", erklärt uns eine junge Frau. „Wir leben in einer idealen Kleinstadt, wir fühlen uns sicher, und das ist nicht nur in den USA ein ganz entscheidender Faktor. Es gibt viele junge Familien, wir haben ein reges Gemeinschaftsleben und eine kinderfreundliche Atmosphäre. Dazu kommen gute Möglichkeiten für Sport- und Freizeitgestaltung – und als Spezialität besitzen wir erstklassiges Wasser." Bedenkt man, daß Leitungswasser in weiten Teilen der USA längst im Geschäft gekauft werden muß und etwa doppelt so viel kostet als Benzin, läßt sich der unschätzbare Wert erkennen.

Manche Gesprächspartner setzten andere Akzente. „Wir haben keine Hochkultur, auch nicht die Abwechslung einer Großstadt. Bedauerlich ist, daß sich kaum Ärzte bei uns niederlassen, sondern als Pendler leben. Mangelhaft ist die Nahversorgung, da unsere ursprüngliche Absicht, die Kleinstruktur der örtlichen Geschäfte zu sichern, nicht aufgegangen ist. Aber im großen und ganzen gibt es eine hohe Wohnzufriedenheit, wir sind glücklich, die Jugend fühlt sich wohl."

Verständlich, daß Wirtschaftsexperten und Regionalpolitiker inzwischen Brush-City entdeckt haben. Man versucht herauszufinden, wo die wichtigsten Leitlinien dieser Positiventwicklung liegen. Nicht im Sinne eines Rezeptes, wohl aber als Hilfestellung für neue Strategien und künftige Wege. Der erste und sicher wichtigste Ansatzpunkt ist der Wille der heimischen Bevölkerung. Sagt doch ein altes Sprichwort: „Wer wagt, gewinnt." Ins Heute übersetzt: „Ohne Risiko keine Chance!" Tatsächlich scheint die Risikobereitschaft das besondere Markenzeichen der Menschen in Brush-City zu sein. „Wir sind Risktakers und Possibility-thinkers. Wir halten Ausschau nach Vorteilen und analysieren nicht ständig unsere Sorgen und Probleme. Wir denken positiv und sind offen für neue Ideen. Wir wollen nicht abhängig sein von anderen, sondern alles tun, damit wir auf eigenen Beinen stehen können." Brush-City, so glaube ich, ist zumindest ein interessantes Modell, über das man nachdenken sollte.

Nicht weniger interessant ist die Erfolgsstory des Projektes „Waldland" im niederösterreichischen Waldviertel.

Begonnen hat alles in den 70er Jahren. Im Zusammenhang mit dem umstrittenen Bau des Atomkraftwerkes Zwentendorf wurden Überlegungen laut, man könnte den radioaktiven Müll ohne viel Widerstand im dünn besiedelten Waldviertel verscharren. Das war zu viel. Wie eine Phalanx protestierten Tausende gegen die Zerstörung ihrer Heimat. Bewohner wie Freunde dieser Region, die deren Vorzüge bisher still genossen haben. Die Aktion war erfolgreich. Der

Atommüll konnte abgewendet werden. Das Waldviertel war aber nach wie vor ein Krisengebiet. Land am „Eisernen Vorhang“, Land der Abwanderung und Überalterung. Es galt also einiges zu tun, sollte aus dem vielbejammerten „Niemandsland“ ein aktives „Zukunftsland“ werden. Bauern und Gewerbetreibende, Akademiker und Studenten, Klosterherren und Lehrer gründeten gemeinsam den Verein „Pro Waldviertel“. Wut und Angst schweißten sie zusammen. Ein Meilenstein in der Entwicklung war die Initiative der Landesregierung, Adolf Kastner zum „Waldviertel-Beauftragten“ zu bestellen. Dieser „Turbo-Motor“ der Region setzt nicht nur seine ganze Kraft ein, er legt auch sein Herz dazu. Heute ist das Waldviertel eine „Pilgerstätte“ für Regionalpolitiker und fortschrittliche Landwirte. Fast täglich kommen Exkursionen aus dem In- und Ausland.

Die gesamte Organisation basiert auf vier Säulen: Die Landwirtschaft setzt auf Sonderkulturen und sucht Alternativen in der Tierhaltung. Der „sanfte“ Tourismus widmet sich dem bäuerlichen Gästering. Der Verein „Holz–Energie-Umwelt“ kümmert sich um die Biomasse und die Kompostierung. Die Abteilung „Wirtschaftsprojekte“ brütet an Visionen wie Kreislaufwirtschaft oder die Nutzung neuer Möglichkeiten der Computer- und Nachrichtentechnik für den ländlichen Raum. Die Marke „Waldland“ bürgt für Qualität. Seit kurzem bestellen sogar Japaner über ein Versandhaus in Tokio erlesene Teesorten aus dem Waldviertel. Egal ob Früchte oder Tee, Brot, Fleisch, Kräuter oder Käse – die naturnah erzeugten Produkte werden immer beliebter. Die Stärke von „Waldland“

als Verkaufsorganisation von rund 700 Bauern besteht darin, hohe Qualität möglichst rasch zu den Konsumenten zu bringen. Die Erzeugernummer garantiert für die Ursprünglichkeit des Produktes. In der Tierhaltung wird auf Natürlichkeit besonderer Wert gelegt. Die Tiere haben reichlich Stall- und Auslaufflächen zur Verfügung und erhalten hofeigenes Futter. Durch die große Zahl der Vertragsbauern ergeben sich interessante Marktkapazitäten. Die Verteilung der Betriebe über eine ganze Region sichert zudem eine hohe Zuverlässigkeit der Lieferungen. „Im Waldviertel ist es heller geworden", meint Adolf Kastner und blickt stolz zurück auf die bisherigen Erfolge. „Aber wir haben noch viel zu tun ..."

6. Kapitel:

Die Nebenerwerbsbauern
Leben mit zwei Berufen

Nebenerwerb gehört seit jeher zum gewohnten Bild der Landwirtschaft. Typische Hausnamen wie Schneiderbauer, Schmiedbauer, Schusterbauer oder Weberbauer erinnern an die Ausübung von Doppelberufen. Auch viele Gastwirte waren Bauern. Das Transportwesen war bis zur Erfindung der Eisenbahn über Jahrhunderte ein landwirtschaftlicher Nebenerwerb. Mühlen in Bauernhand brachten zusätzlichen Verdienst. Ebenso die Waldarbeit und die Holzverarbeitung. Zur Pfarrstelle gehörten meist einige Felder. Nicht ohne Grund spricht man vom Pfarr-Hof. Am stabilsten waren jene Formen, wo Landwirtschaft und Nebenerwerb einander ergänzten wie bei den Wirten oder Fuhrleuten.

Die sogenannten „Mondschein"- oder Wochenendbauern sind eine Erscheinung unserer Zeit. Ausgelöst durch den technischen Fortschritt setzte ein rasanter Strukturwandel ein. Immer mehr Bauern sahen sich gezwungen, ein zweites Standbein zu suchen. Für viele war es der Tourismus. Andere setzten auf Direktvermarktung. Ein Großteil aber war gezwungen, in der näheren oder weiteren Umgebung nach Alternativen Ausschau zu halten. Pendeln wurde zur notwendigen Konsequenz. Wichtige Arbeiten auf dem

Hof konnten nun nur noch abends oder am Wochenende erledigt werden. Für die Familie ergab und ergibt sich eine völlig neue Situation. Meist ist es die Frau, und oft sind es auch die Kinder, die bei wichtigen Arbeiten einspringen müssen. Nebenerwerb bedeutet, weiterhin in der Landwirtschaft tätig zu sein, aber nicht nur von der Landwirtschaft leben zu müssen. Der überwiegende Teil des Einkommens stammt aus einem außerlandwirtschaftlichen Erwerb. In Österreich sind zwei von drei Bauern auf einen Nebenerwerb angewiesen. In Deutschland ist jeder zweite Bauer auch in einem anderen Beruf tätig. In den Niederlanden, in Frankreich oder Großbritannien spielt der Nebenerwerb eine geringere Rolle. Aber auch dort zeigt sich neuerlich eine stark steigende Tendenz.

Wenn in einer Diskussion mit Bauern der Nebenerwerb zur Sprache kommt, gibt es meist heftige Auseinandersetzungen. Vor allem die Frage der Förderung ist umstritten. Es wäre vernünftiger, so argumentieren die einen, ausschließlich in die Zukunftssicherung der Vollerwerbsbetriebe zu investieren. Sie haben es besonders schwer und sind letztlich für den überwiegenden Teil der Nahrungsmittel verantwortlich. Andere wiederum stellen die Siedlungsfunktion der Nebenerwerbslandwirtschaft in den Vordergrund und unterstreichen die besondere Bedeutung in den Berggebieten. Sie verlangen eine Gleichstellung in der Förderpolitik. Daß diese Fragen auch innerhalb der Europäischen Union umstritten sind, soll nachfolgendes Beispiel zeigen:

Im Zuge der Beitrittsverhandlungen wollte man einen hohen Beamten aus Brüssel mit den Problemen der Berglandwirtschaft vertraut machen. Auf einem schmalen Waldweg erreichten wir die Hofstelle. Der Bauer erwartete uns mit Frau und Kindern vor dem blumengeschmückten Hof. Mit einer herzlichen Geste kredenzte er einen Willkommensgruß. Umgeben von steilen Wiesen und einer schroffen Gebirgslandschaft murmelte der EU-Direktor so etwas wie „hartes Leben in den Bergen". Der Bauer sah ihn an: „Wir sind glücklich."

„Und wovon leben Sie?"

„Meine Frau verkauft Käsespezialitäten, Speck und selbstgebrannten Schnaps. Ich arbeite im Dorf als gelernter Installateur. Den Hof bewirtschaften wir im Nebenerwerb gemeinsam."

„Und die Zukunft?"

„Wir werden einiges investieren müssen, damit wir auch in der EU bestehen können. Aber im großen und ganzen sehen wir nicht schwarz", erklärte selbstbewußt der Bauer.

Jetzt schlug die Stunde der EU-Bürokratie. „Investitions-Förderungen für Nebenerwerbsbetriebe sind in der Effizienz-Verordnung nicht vorgesehen. Gefördert werden nur Vollerwerbsbetriebe." Das führte zu einer heftigen Diskussion. Warum benachteiligt die EU die Nebenerwerbsbauern? Welches Modell steht hinter diesem Konzept? Sollte man nicht froh sein, daß Betriebe ein zweites Standbein suchen? Wie soll ein Bergbauer ohne Zusatzverdienst im rauhen Wettbewerb der Marktwirtschaft bestehen können? Der Gast aus Brüssel wird nachdenklich. Schließlich sagte er: „Mit den Regeln der EU muß man sich abfinden.

Daran führt kein Weg vorbei. Aber es gibt Hilfskonstruktionen. Wenn die Bäuerin den Betrieb übernimmt, ist nach Brüsseler Verständnis die Voraussetzung für eine Investitions-Förderung gegeben."

Diese Begebenheit scheint mir typisch. Nicht die besondere Situation und die Lebensverhältnisse der Menschen stehen im Vordergrund. Das wichtigste sind bürokratische Regeln. Alles wird nach einem Einheitsschema abgewickelt. In der Sprache der Gemeinschaft nennt man das „harmonisieren". Aber die Natur läßt sich nicht über einen Leisten schlagen. Boden und Klima sind in der Poebene einmal anders als beispielsweise im spanischen Baskenland oder in den Bergregionen des Alpenraumes.

Viele Vollerwerbsbetriebe, die ausschließlich auf das Einkommen aus der Landwirtschaft angewiesen sind, sehen in den Nebenerwerbsbauern lästige Konkurrenten, denen man zuviel Beachtung schenkt. Daß Nebenerwerbslandwirte einen unentbehrlichen Beitrag zur Sicherung der Siedlungsfunktion im ländlichen Raum leisten, wird entweder nicht erkannt oder verschwiegen. Daran sollten auch kritische Berufskollegen denken. Man stelle sich vor, es gäbe nur einige „effiziente Großbetriebe" und sonst nichts als „weites Land". Wer würde ein leistungsfähiges Wegenetz unterhalten? Wie stünde es um Schulen und Kindergärten? Wie sähe die ärztliche Versorgung aus? Wie könnten Dorfkaufleute bestehen? Dafür ist eine Mindestbesiedlung Voraussetzung. Die Nebenerwerbslandwirte sind dabei wichtige Partner. In geographisch schwierigen, aber landschaftlich reizvollen Gebieten Mitteleuropas gibt es immer weniger Vollerwerbsbetriebe. Dort sind es vielfach die Nebenerwerbsbauern, die zur Erhaltung der Kulturlandschaft beitragen. Anders ist es in den Gunstlagen. Dort können ausgedehnte Flächen mit leistungsfähigen Maschinen bewirtschaftet werden. Viele Bauern sind daher an einer Betriebsvergrößerung interessiert. Das geht nur über Zukauf oder Pachtflächen. Doch der Boden ist teuer. Für einen Zukauf fehlt oft das Kapital. „Und die Pachtpreise werden von den Nebenerwerbsbauern in die Höhe getrieben", argumentieren voll Unmut die auf Vollerwerb angewiesenen Kollegen.

In den vergangenen Jahrzehnten waren die Nebenerwerbslandwirte vielfach Zerrissene. Von den Nachbarn ob ihrer „Halbbäuerlichkeit" verspottet, versuchten viele, dieses Manko durch teure Maschinen auszugleichen. Sie wollten es „den anderen zeigen" und kamen wegen der unökonomischen Vorgangsweise, die einer Geldverschwendung gleichkommt, in Verruf. Hier hat sich in der jüngeren Vergangenheit viel geändert. Zahlreiche Pendler lassen ihre Gründe von Mitgliedern der Maschinenringe bearbeiten. Das ersparte Geld wird jetzt nicht mehr in den „Traktor für ein paar Hektar" gesteckt, sondern für Wohnkultur, Bildung oder Erholung aufgewendet. Auch in seinem Zweitberuf wird der Pendler oft mit scheelen Augen angesehen. Er ist eigentlich kein „richtiger" Arbeitnehmer, er ist ein Besitzender. Er ist einer, der in schwierigen Zeiten den „echten" Arbeitnehmern den Arbeitsplatz streitig macht. Dazu kommt eine gewisse innere Unzufriedenheit. Sie rührt daher, daß viele Bauern zu spät auf den Nebenerwerb umgestiegen sind. Meist waren sie dann unzureichend vorbereitet und mußten sich mit Hilfsarbeiten abfinden. Viele machen dafür die Politik verantwortlich. Zu lange, so argumentieren sie, habe man ihnen falsche Hoffnungen gemacht.

Tatsächlich wurde den Bauern in manchen Sonntagsreden versprochen, man werde schon dafür sorgen, daß sie auch in Zukunft vom Ertrag ihrer Arbeit leben könnten. Daß der internationale Wettbewerb immer härter und der Spielraum für eine eigenständige Politik immer kleiner wurde, wollten viele nicht wahrhaben. Am schmerzlichsten hat es jene getroffen, die zu lange glaubten, sie könnten den Wettlauf innerhalb der Landwirtschaft gewinnen. Sie hatten sich meist in hohe Schulden gestürzt und finden aus dieser Sackgasse fast nicht mehr heraus. Hier liegt eine der Ursachen für den Unmut mancher Nebenerwerbsbauern. Sie fühlen sich als Opfer der Entwicklung. Sie meinen, nur sie müßten sich umstellen und in einen neuen, schwierigen Bereich einsteigen. Tatsache ist aber, daß auch Menschen anderer Berufsgruppen vor diesem Problem stehen. Viele sind gezwungen, im Laufe des Lebens ihren Beruf zu wechseln. Das Mißverständnis um die Nebenerwerbslandwirtschaft hält an. Die „echten" Bauern sind entrüstet, wenn sie aus dem Munde profunder Fachleute hören: „Die Zukunft liegt im Nebenerwerb." Sie sehen darin einen Verrat an ihrem Berufsstand und erklären: „Gebt uns kostendeckende Preise, damit wir naturnah und erfolgreich wirtschaften können. Treibt nicht noch mehr Leute in den Nebenerwerb!" Das klingt für den Augenblick plausibel. Doch wie sieht die Realität aus? Die letzte Welthandelsrunde hat deutlich gezeigt, daß die Landwirtschaft den Zug zur Liberalisierung nicht aufhalten kann. Es ist daher anzunehmen, daß bei der nächsten Verhandlungsrunde, die 1999 beginnen soll, weitere Liberalisierungsschritte folgen werden.

Auch die Osterweiterung steht vor der Tür. Sie geschieht nicht von heute auf morgen. Aber sie wird kommen. Es wäre leichtfertig, die Leistungskraft der Landwirtschaft in diesen Ländern zu unterschätzen. Berücksichtigt man zudem die Entwicklung in der Gentechnologie, deutet alles auf mehr Wettbewerb hin.

Natürlich kann man argumentieren, daß die Weltmarktpreise für Getreide in letzter Zeit überraschend stark gestiegen sind und möglicherweise weiter steigen werden. Von dieser Seite wäre also eine Marktentlastung zu erwarten. Manche Europäer setzen auch große Hoffnung in die Wirtschaftsbelebung Chinas. Dennoch glaube ich, daß wir in der Landwirtschaft gut beraten sind, wenn wir uns auf einen schärferen Wind einstellen. Wer sich auf schwierige Zeiten vorbereitet, kann von einer günstigen Wendung nur positiv überrascht werden. Wer nur auf günstige Zeiten hofft, kann böse Überraschungen erleben.

Mut zum Nebenerwerb

Eine häufige Form bäuerlichen Nebenerwerbs ist der Tourismus. Es gibt dafür eine Vielzahl erfolgreicher Beispiele. So einfach, wie es den Anschein hat, ist der „Urlaub am Bauernhof“ aber nicht. Er verlangt den ganzen Einsatz der bäuerlichen Familie, und er verlangt Professionalität. Es ist kein Nebenerwerb, den man „nebenbei“ machen kann.

Einen Nebenerwerb der besonderen Art hat der oststeirische Bauer Franz Fellner aus der Gegend von Bad Waltersdorf gefunden. Er führt in der aufstrebenden Thermenregion einen Betrieb mit 12 Hektar Nutzfläche. Bei der Suche nach einer Ausweitung entdeckte er die Möglichkeit, auf seinem Hof Stallmist, Jauche und Küchenabfälle (von Gastronomiebetrieben!) in elektrische Energie umzuwandeln. Die gesamte Investition kostete ihn 1,5 Millionen Schilling. Im Oktober 1995 ging die Anlage ans „Netz". Die rund 230 Kubikmeter Biogas ergeben pro Monat rund 8.000 Kilowattstunden. Für den Strom bekommt Franz Fellner in Spitzenzeiten 1,2 Schilling pro Kilowattstunde. Das sind im Monat fast 10.000 Schilling. Der tägliche Arbeitsaufwand beträgt höchstens zwei Stunden.

Ein anderer Weg sind Betriebsgemeinschaften. Obwohl dieses Modell von offizieller Seite kaum propagiert wird, versuchen immer mehr jüngere Bauern diesen Weg. Das ist die Grundidee: Vollerwerbsbauern befinden sich mit ihrer Betriebsgröße oft an einer kritischen Grenze. Das Einkommen reicht kaum. Arbeitsmäßig sind sie jedoch soweit ausgelastet, daß für einen Nebenerwerb nicht genügend Zeit bleibt. Einzig der Maschinenpark wäre für größere Flächen geeignet. Nebenerwerbsbetriebe haben ebenfalls Probleme. Arbeitsmäßig sind sie oft total überfordert. Frauen und Kinder rackern sich ab. Mehr schlecht als recht kommt der Betrieb über die Runden. Die Stimmung ist dementsprechend.

In beiden Fällen ist es naheliegend, über einen neuen Weg nachzudenken. Ein mögliches Modell ist die Zusammenarbeit in einer Betriebsgemeinschaft: Der

Nebenerwerbslandwirt soll entlastet werden, der Vollerwerbsbauer erhält ein zusätzliches Einkommen.

Ich kenne ein Beispiel aus der Schweiz, wo sich vier Nebenerwerbsbauern zu einer Betriebsgemeinschaft gefunden haben. Drei davon haben einen Teil ihrer landwirtschaftlichen Tätigkeit abgegeben. Damit haben sie mehr Spielraum im Nebenerwerb. Einer dagegen ist voll in die Landwirtschaft eingestiegen und kann heute als Vollerwerbsbauer gut davon leben. Diese Modelle sind nicht einfach. Die Grundsituation muß stimmen. Betriebe in der Nachbarschaft sind eine wichtige Voraussetzung. Die Familien müssen zusammenpassen. Die Erfahrung zeigt, daß das Alter eine große Rolle spielt. Junge Menschen können sich leichter umstellen. Wichtig ist, daß die Frauen von Anfang an mitreden und mitentscheiden. Grundlage der Zusammenarbeit sollte ein Vertrag mit klaren Spielregeln sein. Diejenigen, die dieses Modell angestrebt haben, sagen, daß sich der Erfolg aber nur dann einstellt, wenn auf beiden Seiten Großzügigkeit und Toleranz herrschen.

Eine wichtige zusätzliche Einkommensquelle kann auch die Veredlung der eigenen Produkte sein. Immer mehr Bauern verkaufen nicht nur Milch, sondern auch Butter und Käse, Obst und Gemüse, Honig und Heilkräuter. Sie räuchern Speck und backen echtes Bauernbrot. Freilandeier werden an Spezialkunden geliefert. Schaffleisch findet zunehmend zahlungskräftige Interessenten. Bäuerliche Erzeugnisse bekommen durch die Veredelung einen besonderen Charakter, sie werden unverwechselbar und liegen damit im Trend. Luxus bedeutet nicht mehr einfach nur

„teuer", sondern „etwas Besonderes", stellt die Studie „Lifestyle 2000" fest. Und die Marktnische derer, die das Besondere suchen und auch bereit sind, dafür einen entsprechenden Preis zu bezahlen, wird immer größer.

Viele wählen für den Verkauf ihrer Spezialitäten den Bauernmarkt. Um es gleich vorweg zu nehmen: Der Eigenvertrieb ist keine Vermarktungsform für alle. Aber es ist ein interessanter Weg für Verkaufstalente, vor allem in stadtnahen Lagen.

„Der Anfang war gar nicht schwer", erinnert sich der Initiator des Winklhofer Bauernmarktes, Ing. Gerhard Danter. Der Markt liegt etwa 15 Kilometer südlich der Stadt Salzburg und hat einen günstigen Einzugsbereich. Die Begeisterung für das Neue wurde vom Fernsehen und der Lokalpresse wirkungsvoll unterstützt. Die örtlichen Vereine und die Mundpropaganda taten das übrige. Trotzdem kamen die Rückschläge früher als erwartet, vor allem auf Grund des ungenügenden Angebotes. „Auch ein Bauernmarkt muß ein komplettes Sortiment führen", weiß Ing. Danter heute aus leidvoller Erfahrung. Es ist einer Hausfrau nicht zuzumuten, für den Lebensmitteleinkauf mehrere Geschäfte aufzusuchen. Daher gibt es jetzt im Winklhofer Bauernmarkt praktisch alles, was der Gaumen begehrt: Milch und Milchprodukte, Fleisch und Wurstwaren, Eier und Geflügel, Brot und Gemüse, Obstsäfte und Speiseöl, Wein und Schnaps, zu Weihnachten auch Christbäume und zu Ostern Palmbuschen. Wichtig ist ferner, daß stets genug Ware vorhanden ist. Es darf nicht sein, daß die Anbieter nach kurzer Zeit ausverkauft sind und womöglich schon vor „Ladenschluß" den Stand räumen und heimfahren. Die Kunden müssen sich darauf verlassen können, daß zu den Öffnungszeiten das komplette Sortiment zur Verfügung steht. Wer selbst nicht genug Ware erzeugt oder erzeugen kann, muß mit Berufskollegen kooperieren. Schließlich ist die freundliche und ehrliche Kundenbedienung eine wichtige Erfolgsregel der Direktvermarktung. „Ein Milchmastkalb muß auch ein Milchmastkalb sein!" Denn nur Zuverlässigkeit schafft Vertrauen und Vertrauen schafft Stammkunden. Alles in allem zeigen die Salzburger Bauern, wie es geht, und wie man mit Selbstvermarktung mehr erlösen kann. Eines ist ihnen dabei besonders wichtig: Die Kunden schätzen ihre Produkte, sie sagen das auch, und die Bauern müssen sich nicht ständig mit dem Gerede von Überschußproduzenten und Subventionsempfängern herumschlagen.

Interessant sind Dienstleistungen im außerlandwirtschaftlichen Bereich. Einzelne Maschinenringe haben dazu ein Ring-Service eingerichtet. Das Angebot an Gemeinden, Firmen, Verbänden und Privatpersonen umfaßt eine umfangreiche Palette: Mähen von Straßenrändern und Böschungen, Hecken schneiden, Abtransport des Hack- und Mähgutes, Sammlung und Kompostierung von Abfällen, Schneeräumung, Schneetransport, Betreuung von Verkehrsflächen, Garten-, Rasen- und Grünflächenpflege. Das Maschinenring-Service ist eine eigene Genossenschaft, die für ihre Mitglieder auch die Gewerbeberechtigung besitzt.

Interessant sind Nebenerwerbs-Modelle über Telekommunikation. Immer mehr Aufgaben werden aus den Zentren in die ländlichen Bereiche verlagert.

Mancher Landwirt hat so eine ideale Ergänzung zu seiner bäuerlichen Tätigkeit gefunden. Er hat zu Hause einen Computer und arbeitet über Fernleitung bei einer Firma. Diesen Perspektiven ist an anderer Stelle dieser Publikation breiter Raum gewidmet.

Nicht alle Modelle haben Zukunft, wie nachfolgendes Beispiel zeigt:
Ein Bauer aus dem Mühlviertel pendelt täglich zwei Stunden zur VOEST in Linz und zwei Stunden zurück in seine Heimat. Im Winter muß er für Hin- und Rückfahrt sogar mehr als vier Stunden rechnen. Zurück bleibt sein Hof, mit dem sich die Familie abmüht. Wie lange wird der Mühlviertler diese Strapazen noch auf sich nehmen? Seine Antwort: „Solange ich es gesundheitlich aushalte." Ein Modell wie dieses hat keine Zukunft.

Realistischerweise muß man mit einer weiteren Abnahme der Vollerwerbsbauern und einer Zunahme der Nebenerwerbslandwirte rechnen. Ich teile aber nicht die Ansicht derer, die im Nebenerwerb nur eine „Durchgangsstation" sehen oder, wie man gelegentlich hört, „den Einstieg zum Ausstieg aus der Landwirtschaft". Nebenerwerb kann eine interessante, dauerhafte und lebenswerte Alternative sein. Voraussetzung ist, daß die Rahmenbedingungen stimmen.

Die verschiedenen Zukunftsmodelle kreisen immer wieder um einige wichtige Fragen:

- Wie organisiere ich meinen Betrieb, damit der Nebenerwerb nicht nur auf Kosten von Frau und Kindern geht?

- Welche Möglichkeiten gibt es, um die berufliche Qualifikation zu heben? Es gilt: Je besser die Ausbildung, um so stabiler der Nebenerwerb.
- Wo finde ich Arbeit und Zusatzverdienst, möglichst in Hofnähe? Oder vielleicht gar im eigenen Betrieb?

Vom Nebenerwerb zum Vollerwerb

Auch der Weg vom Nebenerwerb zurück zum Vollerwerb ist denkbar, wie nachfolgende Beispiele zeigen:

Begonnen hat alles mit einer vier Hektar großen Landwirtschaft, die Martin und Martina Meier von ihren Eltern übernommen haben. Der Betrieb liegt im Raum Innsbruck und war bereits seit 20 Jahren verpachtet. Martin hat sich in jungen Jahren für den Beruf des Chemielaboranten entschieden. Er hatte eine gute und sichere Anstellung in der Forstlichen Bundesversuchsanstalt gefunden. Martina arbeitete bis zur Geburt ihres ersten Sohnes im Büro einer Firma. Nach dem zweiten Kind suchte sie eine neue berufliche Herausforderung. Irgendwann kam man auf die Idee, einen Teil der verpachteten Grundstücke für eine Christbaumkultur zu nutzen. Das Besondere daran ist, daß der Kunde seinen Wunschbaum direkt in der Anlage aussuchen kann. Markiert mit einer Namensschleife wird der individuelle Christbaum unmittelbar vor dem Heiligen Abend geschnitten und meist von der Familie persönlich abgeholt. Über 600 Bäume finden pro Jahr den Weg zu zufriedenen Kunden.

Motiviert durch den Verkaufserfolg entschied sich die Familie, die Verpachtung ganz aufzugeben und in den Anbau und die Vermarktung von Beeren einzusteigen. 1990 hingen die ersten Himbeeren in der Anlage. Was beide in dieser Phase noch zu wenig abschätzen konnten, war die Tatsache, daß Beeren vor allem während der Erntezeit sehr arbeitsaufwendig sind. Während Schnaps und Wein mit den Jahren besser werden, müssen Himbeeren möglichst schnell zum Konsumenten gelangen. Martin war viel im Außendienst. Martina, sie war inzwischen eine Bäuerin, hatte nicht nur die Kinder zu betreuen, sondern auch die Beerenkulturen zu bewirtschaften. Auf Dauer konnte das nicht gutgehen. Der folgende Winter brachte dann die Entscheidung. Martin kündigte seine Arbeitsstelle. Gemeinsam stiegen sie in diese für Tirol ungewöhnliche Form der Landwirtschaft ein.

Die Umgebung reagierte recht unterschiedlich. Viele konnten nicht verstehen, daß man einen sicheren Arbeitsplatz freiwillig aufgeben kann. Andere waren skeptisch, weil ein Bauer ohne Vieh in ihren Augen kein richtiger Bauer ist. Mittlerweile ist dem Ehepaar der Sprung von der Außenseiterrolle zu einem Vorzeigebetrieb gelungen. Viele Exkursionen bestätigen das große Interesse. Derzeit werden Himbeeren, schwarze und rote Johannisbeeren, Stachelbeeren, Holunder- und Heidelbeeren angebaut. Ein Teil der Ware geht frisch zum Markt. Die wesentlich größere Menge wird zu qualitativ hochwertigen Beerenspezialitäten verarbeitet. Die Angebotspalette reicht vom Himbeerlikör über Beerentees bis hin zu ausgefallenen Produkten wie Stachelbeerwein. „Uns ist wichtig, nie stehenzubleiben. Nach Möglichkeit versuchen wir, jedes Jahr ein neues Produkt auf den Markt zu bringen. So bleiben wir für unsere Kunden attraktiv und können neuen Markttrends Rechnung tragen", erzählt Martina nicht ohne Stolz. Vermarktet werden die Produkte ausschließlich in optisch ansprechenden Geschenkpackungen. Hauptkunden sind Einheimische und Firmen.

Die ursprüngliche Idee, möglichst viele Touristen anzusprechen, war nicht erfolgreich. Dieser Verkauf macht nur einen kleinen Teil des Umsatzes aus. Der Schritt in die Selbständigkeit war nicht einfach. Die frühere Arbeitsstelle bot Sicherheit und ein geregeltes Einkommen. Was aber fehlte, war die berufliche Erfüllung. Ein weiteres Motiv für den Umstieg waren die vielen pessimistischen Stimmen aus der Landwirtschaft. „Wir wollten beweisen, daß man mit Kreativität auch aus einer vier Hektar großen Landwirtschaft etwas machen kann."

Bereut haben die beiden die Entscheidung nicht. „Wenn uns manchmal etwas belastet, dann ist es das Gefühl, ständig und immer am Ball bleiben zu müssen. Sobald du dich nur kurze Zeit auf den Lorbeeren der Vergangenheit ausruhst, treibt dich der Strom der freien Marktwirtschaft sofort ein gehöriges Stück zurück. Was uns aber immer wieder freut, sind die vielen positiven Reaktionen, die Wertschätzung für unsere Produkte und die Freiheit, kreative Ideen umsetzen zu können. Das entschädigt für vieles."

Claudia und Werner Keller sind den Einstieg in den Vollerwerb etwas weniger „spektakulär" angegangen. Den Betrieb der Familie Keller in der Umgebung von Innsbruck hätte eigentlich der ältere Bruder übernehmen sollen. Werner begann die Bäckerlehre. Doch wie das Leben oft so spielt, entschied sich der geplante

Hofübernehmer für einen anderen beruflichen Weg. Als der Vater mit gesundheitlichen Problemen zu kämpfen hatte, übernahm Werner mit 18 Jahren die Landwirtschaft. Elf Hektar Nutzfläche, acht Kühe im Stall und ein kleines Milchkontingent waren für den Lebensunterhalt der Familie nicht ausreichend. Ein Nebenerwerb mußte gefunden werden. Zunächst war es die Mitarbeit beim Schilift. Später arbeitete Werner in einer Backstube. Für Claudia mit ihren drei Kindern war dies eine harte Zeit.

Als der Vater im Betrieb kaum mehr mithelfen konnte, mußte eine Entscheidung getroffen werden. Werner Keller: „Wir standen vor der Alternative, die Landwirtschaft zu extensivieren und weiterhin arbeiten zu gehen oder voll in den Betrieb einzusteigen." Die Entscheidung fiel zugunsten der Landwirtschaft.

Werner besuchte einen Milchverarbeitungskurs. Bald stellte sich heraus, daß dieser Weg für seinen Betrieb zu arbeitsaufwendig war. Schließlich entschloß man sich, mit dem Verkauf von Brot zu beginnen. Die mehrjährige Erfahrung aus der Bäckerlehre war dafür die Voraussetzung. Der Weg hat sich gelohnt. Im selbstgebauten Steinofen werden Spezialbrote zubereitet. Das Getreide stammt aus der eigenen Produktion. Vermarktet wird über einen gut florierenden Bauernladen. Zweimal pro Woche werden zusätzlich Geschäfte in der Stadt beliefert.

Es gibt kein Schema für einen erfolgreichen Nebenerwerb. Die Situation ist von Land zu Land, von Gegend zu Gegend, von Hof zu Hof verschieden. Auch die Einstellung der betroffenen Bauern weist gewaltige Unterschiede auf. In Gebieten, in denen der

Nebenerwerb Tradition hat, ist ein Umstieg wesentlich leichter als in den Gunstlagen mit größeren Betrieben. Oft sind es die Frauen, die in den Nebenerwerb gehen. Vor allem dann, wenn sie eine bessere Berufsausbildung haben. Ich kenne Beispiele, wo die Frauen so wie früher wieder in der Bank arbeiten, in der Schule unterrichten oder die Buchhaltung führen.

Nicht immer ist es wirtschaftlicher Zwang, wenn ein Bauer einem Nebenerwerb nachgeht. Manche nutzen die Gelegenheit für ein günstiges Zusatzeinkommen. Viele sehen im Nebenerwerb auch ein Stück Unabhängigkeit. Sie meinen, daß das Vertrauen auf die eigenen Kräfte zuverlässiger ist als die Hoffnung auf staatliche Subventionen. Noch ein Aspekt erscheint mir wichtig: Nebenerwerbslandwirte sollten nicht ohne Notwendigkeit Grund und Boden verkaufen. Ein „bäuerlicher Rückhalt" hat in Zeiten unsicherer Arbeitsplätze einen hohen Stellenwert.

Nebenerwerb ist kein einfacher Weg. Es kommt vor allem darauf an, daß die Menschen Glück und Erfüllung finden. Wer ja sagt zu einer kleinstrukturierten Landwirtschaft, muß auch ja sagen zu den Möglichkeiten der Einkommenskombination. Ich bin davon überzeugt, daß der Nebenerwerb Zukunft hat. Lebensqualität kann man auch als „Pendler zwischen zwei Welten" finden.

7. Kapitel

Partnerschaften im ländlichen Raum
Erfolge durch Zusammenarbeit

Bauern sind ausgeprägte Individualisten. Sie suchen ihre Überlebenschance nicht selten im Alleingang. In unserer arbeitsteiligen Welt wird das zunehmend ein Luxus. Wenn sich die bäuerliche Landwirtschaft behaupten will, führt kein Weg daran vorbei, neue Modelle der Partnerschaft zu erproben und bestehende Formen der Zusammenarbeit zu vertiefen. Von den Multis kann man lernen, was gebündelte Unternehmensstrategie alles vermag.

1988 wurde im niederösterreichischen Weinviertel die Erzeugergemeinschaft Zistersdorf gegründet. Heute gehören dieser freiwilligen Gemeinschaft über 200 Bauern an, die zusammen 15.000 Hektar bewirtschaften und rund hundert Millionen Schilling pro Jahr umsetzen. Die Mitglieder erzeugen Weizen, Roggen, Braugerste, Speisehirse und Sonnenblumen und arbeiten nach den gestrengen Richtlinien des naturnahen, integrierten und kontrollierten Vertragsanbaus.

Der entscheidende Anlaß für diesen Schritt war die Überlegung, daß damit die Schlagkraft auf dem Markt wesentlich verbessert werden kann. Es gab aber noch andere Gründe: Von der verarbeitenden Industrie kam immer wieder der Vorwurf, Österreichs Bauern erzeugen nicht jene Qualität, die von der Industrie benötigt werde. „Der Handel bzw. die Genossenschaften haben die notwendigen Informationen bezüglich Qualitätswünsche an die Landwirte nicht weitergegeben, sondern versuchten, durch Lagerung und Vermischen der Ernteprodukte für sich selbst eine optimale Verkaufspalette zu erreichen. Diese Vorgangsweise führte zwangsläufig zur Unzufriedenheit der Veredelungsindustrie", erklärte dazu Obmann Franz Bauer.

Heute hat die Erzeugergemeinschaft Zistersdorf einen Namen. Pannonia-Qualitätsgetreide wird allseits geschätzt, der Absatz ist sicher, und die Preise sind gut. Man müßte annehmen, daß dieses Beispiel Schule macht und viele Landwirte ähnliche Initiativen setzen. Aber Erzeugergemeinschaften sind offenbar nicht das besondere Liebkind der Bauern, obwohl Landwirtschaftsminister Wilhelm Molterer alles unternimmt, um diese notwendige Form der Zusammenarbeit zu fördern. Auf Befragen erklärten 72 Prozent der Landwirte, Erzeugergemeinschaften kämen für sie nicht in Frage. Wenn es bei dieser Einstellung bleibt, wird sich das bitter rächen.

Die Holländer sind tüchtige Kaufleute. Dafür sind sie in aller Welt bekannt. Kaufleute sind meist Konkurrenten. In diesem Punkt erlebte ich meine Überraschungen. Ich fuhr nach Holland. Mein Ziel war es, ein Gefühl für „holländische Geschäftstüchtigkeit" zu bekommen. Man zeigte mir mehrere Gartenbaubetriebe. Zunächst war ich überrascht von der Kombination „High-Tech und Natur". Über Plastikleitungen wie in einer Intensivstation wird der „Boden" mit Nährstoffen versorgt. Statt in Erde wurzeln die Pflanzen in

Steinwolle. Das Gegenstück dieser Techno-Welt erlebte ich bei der Schädlingsbekämpfung. Überall hingen kleine Käfige. Schlupfwespen, Gallmücken und Marienkäfer bevölkerten die Glashausanlagen. Schädlinge werden auf natürliche Weise bekämpft. Das besorgen sogenannte Nützlinge. Damit erspart man sich teure Spritzmittel. Und in der Werbung ist die Naturmethode ein zusätzliches Verkaufsargument.

„Wichtig ist, daß man mit der Entwicklung mithalten kann", meinte ein Jungunternehmer. Das leuchtet ein. „Deshalb", so fuhr er fort, „treffen wir uns im Kreise der Produzenten einmal pro Woche zu einem Erfahrungsaustausch." Das machte mich stutzig. Wissen ist doch ein Wettbewerbsvorteil. Damit kann man Konkurrenten aus dem Felde schlagen. „Das mag stimmen", bemerkte man trocken. „Aber in unserer arbeitsteiligen Welt gelten andere Gesetze: Gemeinsam überleben ist wichtiger als lokales Konkurrenzdenken!"

Eine Lehre daraus: Kleinteilige Strukturen vermitteln ein gutes Lebensgefühl. In einer überschaubaren Welt findet man sich leichter zurecht und eher zu Hause. Großstrukturen sind vielen Zeitgenossen unheimlich. „Ziel und Zweck war es immer, ein gutes Leben zu führen. Größer zu sein ist kein Zweck", betonte der österreichische Philosoph Leopold Kohr, der für seine Arbeiten unter dem Leitmotiv „Small is beautiful" 1983 den Alternativen Nobelpreis erhielt.

Aber kann man in der Wirtschaft damit bestehen? Sollte es nicht heißen: Klein ist schön – aber groß ist wirtschaftlich? „In einer globalen Wirtschaft schlägt der Schnelle den Langsamen, nicht der Riese den

Zwerg." Das Zitat ist bekannt. Wie groß aber ist ein Zwerg? Und wie schnell ist schnell? Ist nicht gerade das Tempo ein Problem unserer Zeit? Alles geht offenbar immer noch zu langsam – obwohl wir schon längst außer Atem sind. Ich plädiere für eine vernünftige Mischung. Flexibel und anpassungsfähig auf der einen Seite, mit dem Ziel einer Mindestgröße andererseits. Größer kann man durch Zukauf werden. Man kann aber auch größer werden über den Weg der Partnerschaft.

Der bekannte steirische Agrarjournalist Max Mayr, ein Vorkämpfer für die Anliegen der Bauern, hat diesen notwendigen Trend schon vor Jahren treffend charakterisiert. Er propagierte neue Formen der bäuerlichen Zusammenarbeit mit der Schlagzeile: „Ein Bauer ist kein Bauer." Der Hintergrund: Die durchschnittliche Betriebsgröße in der österreichischen Landwirtschaft nimmt sich im internationalen Vergleich recht bescheiden aus. Für eine kostengünstige Produktion ist das ein großer Nachteil. Dazu kommt die Aufsplitterung des Angebots. Zehntausenden Betrieben stehen einige wenige Handelsketten gegenüber. In Deutschland haben die zehn größten Lebensmitteleinkäufer einen Marktanteil von 74 Prozent. In Österreich liegt dieser Anteil bei 90 Prozent. Alles spricht dafür, daß auch die Landwirte näher zusammenrücken.

In der Tradition des Bauernstandes hatte die Nachbarschaftshilfe, vor allem bei Unglück und Krankheit, eine große Bedeutung. Das Besondere dabei war die Freiwilligkeit. Finanzielle Gegenleistungen spielten eine geringere Rolle. Diese Form ist weitgehend verlorengegangen.

Zu den wichtigsten Säulen der Partnerschaft zählt nach wie vor das Genossenschaftswesen. Auch wenn vieles nicht ideal verläuft und im Zuge der EU-Anpassung schmerzliche Reibungsverluste spürbar wurden, ist die Idee Raiffeisens auch in unserer Zeit aktuell. Aber sie muß der Zeit entsprechend angepaßt werden, flexibler auf Änderungen reagieren und vorausschauend Maßnahmen setzen. Als Beispiele erwähne ich den Aufbau regionaler Spezialmärkte, die Unterstützung von Erzeugergemeinschaften oder den Ausbau des ländlichen Genossenschaftswesens zu einer regionalen Servicestelle.

Ich teile auch die Ansicht von Generalanwalt Christian Konrad vor dem Österreichischen Raiffeisentag 1996 in Salzburg, wenn er meint: „Qualität allein genügt heute nicht mehr. Sie wird als selbstverständlich vorausgesetzt. Im Geschäft mit den Handelsriesen braucht man auch in der Nahrungsmittelindustrie beinharte Profis, die qualitativ hochwertige Produkte professionell vermarkten. Das gelingt noch nicht überall." Ich füge diesen Überlegungen aber einen wichtigen Satz hinzu: Die Bauern müssen ihre Eigentümerfunktion bei der Genossenschaft stärker wahrnehmen und dürfen sich nicht nur darüber beklagen, daß die Manager alles entscheiden.

Regionale Initiativen werden an Bedeutung gewinnen. Als Beispiel will ich die „Grüne Haube" erwähnen. 34 steirische Hotels der obersten Kategorie und 17 Gaststätten haben sich unter diesem Gütesiegel verpflichtet, in ihren Küchen nur Produkte aus biologischer Landwirtschaft der näheren Umgebung zu verwenden. Die Bauern als Partner dieser Gruppe haben sich zu einer Erzeugergemeinschaft zusammengeschlossen. Sämtliche Produkte werden streng kontrolliert. Die Anlieferung orientiert sich an den Kundenwünschen. Ich betone das deshalb, weil ich mich in diesem Zusammenhang an eine Radiosendung erinnere, die ich vor Jahren gehört habe. Eine Gruppe Tiroler Bauern aus dem Ausserfern klagte über den schleppenden Absatz ihrer Schafe. Die Gastwirte wurden befragt, warum sie nicht bereit sind, Tiroler Produkte zu verwenden. Es stellte sich heraus, daß diese Bereitschaft durchaus gegeben ist, allerdings unter der Voraussetzung, daß die Schafe während des ganzen Jahres den Kundenwünschen entsprechend angeliefert werden. Das wiederum wollten die Bauern nicht. „Wir haben immer im Herbst verkauft und wollen bei dieser bewährten Tradition bleiben", erklärten sie standhaft. Daß mit dieser Einstellung und einer falsch verstandenen Tradition heute kein Geschäft mehr zu machen ist, versteht sich von selbst.

Kosten senken durch Maschinenringe

Der Strukturwandel in der Landwirtschaft hatte zur Folge, daß Abertausende Arbeitskräfte durch teure Maschinen ersetzt werden mußten. Das Kernproblem: Die Betriebe sind meist zu klein, die Maschinen zu groß und vor allem zu teuer.

Viele Bauern hat diese Art der Mechanisierung in übermäßige Verschuldung und zum Teil in den Ruin getrieben. In den 60er Jahren hatte Erich Geiersberger vom Landfunk München eine bahnbrechende Idee: Über Maschinenringe sollten teure Geräte gemeinsam genutzt werden. Das Besondere dabei: Es werden nicht Maschinen verliehen, sondern Maschineneinsätze vermittelt. Der Besitzer arbeitet selbst mit seinem Gerät. Er kennt die Maschine am besten und erbringt dadurch die günstigste Arbeitsleistung. Außerdem ist die Verantwortung klargestellt, wenn eine Reparatur notwendig sein sollte.

Die Verrechnung erfolgt direkt zwischen den Partnern. Grundlage ist eine einvernehmlich festgelegte Tarifordnung. Die Erfassung der Mitgliederwünsche so wie Planung und Vermittlung der Einsätze übernimmt ein Geschäftsführer.

Wesentlich ist der Grundsatz der Freiwilligkeit. „Jeder kann, keiner muß." Alle Einsätze werden einvernehmlich vermittelt. Es wird niemand gezwungen, bestimmte Arbeiten zu übernehmen oder durchführen zu lassen. Ist ein Einsatz jedoch abgesprochen, sind die Beteiligten an ihre Vereinbarung gebunden.

Eine faszinierende Idee. Trotzdem ist die Bilanz bescheiden. Im österreichischen Durchschnitt ist nur jeder dritte landwirtschaftliche Betriebsführer Mitglied eines Maschinenringes. Spitzenreiter sind die Bauern in Vorarlberg mit einem Anteil von 80 Prozent.

Die Idee der Maschinenringe könnte auch für die Landwirtschaft in Mittel- und Osteuropa ein interessantes Modell sein. Im Zuge der Privatisierung wird häufig Klage geführt über die hohen Maschinenkosten. Dabei arbeitet man vielfach noch nach dem alten Modell: Jedem Betrieb seine eigene Maschine. Gemeinschaftseinrichtungen werden mit dem Hinweis abgelehnt, es könnte sich dabei um eine versteckte

Kolchosierung handeln. Daß Maschinenringe die Eigenständigkeit fördern und im Gegensatz zu den alten Kollektiv-Systemen auf Freiwilligkeit basieren, sollte man deutlicher herausstellen.

Mit dem Handel kooperieren

Ich halte wenig davon, einen Gegensatz zwischen Handel und Landwirtschaft aufzubauen. „Aus der Sicht der Landwirtschaft ist es heute mehr denn je notwendig, mit dem Handel zu kooperieren und nicht gegen ihn zu demonstrieren", meint der bekannte Marketingexperte Franz Krenthaler. Ich teile diese Ansicht.

Ein Beispiel für erfolgreiche Partnerschaft ist die Bio-Linie des Billa-Konzerns.

Im September 1994 wurde die Marke „Ja! Natürlich" eingeführt. Unter dieser Dachmarke verkauft der Handelskonzern Billa/Merkur eine breite Palette biologischer Lebensmittel von Milch über Käse, Eier, Brot und Gebäck, bis zu Wurst, Fleisch, Obst und Gemüse.

Durch Marktforschungsstudien war bekannt, daß cirka 30 Prozent der Konsumenten gesunde Lebensmittel kaufen wollen und sich ein Trend in diese Richtung entwickelt hat. Die Zielvorgabe des Unternehmens lag bei 5 Prozent Marktanteil im jeweiligen Produktsegment. Der Verkaufserfolg übertraf alle Erwartungen. In einigen Sparten wurde das vorgegebene Ziel um das Vier- bis Sechsfache übertroffen.

Bio-Produkte sind aber nicht nur ein Verkaufserfolg. Bio ist auch ein enormer Sympathieträger bei den Konsumenten. Firmengründer Karl Wlaschek war mit dieser Idee ein Wurf gelungen, der weit über Österreich hinaus Vorbildcharakter hat. Für die Bio-Bauern entstand eine neue Hoffnung. Eine Minorität wurde plötzlich salonfähig. Und der biologische Landbau entwickelt sich zu einer interessanten Alternative. Heute (1996) hat Österreich rund 23.000 Bio-Bauern. In ganz Deutschland sind nur cirka 6.000 Betriebe registriert, in der Schweiz 4.000.

Ich will noch weitere Beispiele anführen, wobei ich bewußt Modelle gewählt habe, die erfolgreich sind. Natürlich kann man auch aus Fehlschlägen lernen.

Aber letztlich baut sich jeder Mensch an positiven Beispielen auf. Wer den Erfolg haben will, muß selbst daran glauben!

Lange Zeit meinte man, daß Kartoffeln nur „Dickmacher“ oder „billige Magenfüller“ sind. Zu unrecht – Erdäpfel gehören zu unseren wertvollsten Nahrungsmitteln. Zwei Studenten der Landwirtschaft, eine Handvoll risikofreudiger Waldviertler Bauern und ein aufgeschlossener Geschäftsführer der Handelskette Meinl verpaßten dem Arme-Leute-Essen ein neues Image – und sie fanden eine interessante Marktnische.

Das erste und wichtigste Ziel galt der Qualität. Bisher wurden Kartoffeln nach Sorten verkauft. Das wollte man ändern. Erdäpfel wurden nach ihrem Verwendungszweck angeboten: Salat- (fest), Gemüse-(halbfest) und Püree-(mehlig) -Kartoffel. Ein kontrollierter Anbau (nicht rein biologisch, aber sparsam gedüngt) war selbstverständlich. Viele Gedanken machte man sich mit einer umweltgerechten Verpackung mit Recycling-Papier. Schließlich wurde ein neuer

Name gefunden. „Bramburi", der tschechische Name für Erdäpfel, ist das gängige Markenzeichen.

„Bramburi"-Erdäpfel gibt es seit Oktober 1992 in mehr als 500 Lebensmittelgeschäften in ganz Österreich. In der Zwischenzeit hat man mit den „Ofen-Erdäpfeln" (Folien-Kartoffeln) eine Marktlücke entdeckt und eine erfolgreiche Kooperation mit findigen Gastronomen gefunden. „Bramburi" ist eben nicht einfach nur ein neues Erdäpfelangebot. „Bramburi" ist ein geglücktes Beispiel, das Österreichs Bauern auch für andere Sparten anwenden sollten.

Eine Partnerschaft besonderer Art hat sich im Salzburger Thalgau entwickelt. Dort kooperieren fünfzehn Bio-Bauern mit ortsansässigen Gewerbebetrieben. Ein Gastwirt stellt sein Lokal für den Bauernmarkt zur Verfügung. Ein Metzger verarbeitet bäuerliche Bio-Produkte. Ein Bäcker erzeugt Spezialbrote für den Bauernmarkt. Das örtliche Lebensmittelgeschäft führt parallel zum Bauernmarkt regionale Bio-Ware. Das Besondere an diesem Modell: Es geht auch miteinander und alle machen dabei ein „Geschäft".

Von einem interessanten Projekt einer gemeinsamen Vermarktung berichtet Paul Gruber, führender Agrarjournalist aus Niederösterreich:

„Wenn irgendwo ein Handelsgeschäft, zum Beispiel eine Fleischhauerei, geschlossen wird, weil es keinen Nachfolger gibt, dann ist es eben damit aus und vorbei. Nicht so in Krumbach in der Buckligen Welt. Als im Winter bekannt wurde, daß die Familie Müller, welche jahrelang die Fleischhauerei in Krumbach führte, in Pension gehen würde, und der Sohn kein Interesse hatte, sie weiterzuführen, sagte sich der

Krumbacher Landwirt Karl Ungerböck, daß dies eigentlich schade sei. In Krumbach würde für die Konsumenten eine Leistung weniger angeboten, und die Bauern würden einen Ankäufer von Rindern und Schweinen verlieren. Ungerböck, der in der Mostobstgemeinschaft Bucklige Welt ebenso führend tätig ist wie beim Maschinenring, also mit bäuerlichen Gemeinschaften vertraut ist, beschloß: ‚Diese Fleischhauerei führen wir weiter. Wir Bauern.' Er errechnete, daß Investitionen von rund einer halben Million Schilling nötig sein würden, um die Fleischhauerei auf modernsten Stand zu bringen, er sprach mit diesen und jenen Bauern, er brachte das Thema bei Maschinenringversammlungen vor, selbstverständlich gab es auch Unterstützung seitens der Bezirksbauernkammer, die ohnehin Pläne für Vermarktungsgemeinschaften wälzt – und dann kam es zur Gründungsversammlung der ‚bvg', der Bäuerlichen Vermarktungs-Gemeinschaft Bucklige Welt.

Dort war man sich bald einig, daß man den Plan, die Fleischhauerei weiterzuführen, ausführen würde. Und man war sich einig, daß die angebotenen Waren – neben Fleisch- und selbsterzeugten Wurstwaren auch Bauernbrot, Most, Gemüse, Erdäpfel usw. – regional-bäuerlich, also ökologisch produziert, sein sollten.

Ungerböck: ‚Der gute Name der Buckligen Welt ist ein bewußtes Verkaufsargument. Hier sind die kleinen Bauern daheim, und die liefern die Produkte. Großbetriebe können bei uns nicht mittun.'

Von den 45 Bauern, die zur Gründungsversammlung kamen, machten schließlich zunächst 28 und dann noch sieben weitere mit, so daß der ‚bvg' nunmehr 35 Bauern angehören. ‚Damit ist unsere Kapazität allerdings ziemlich ausgeschöpft. Höchstens fünf könnten noch dazukommen', so Ungerböck, der auch Obmann der neuen Gemeinschaft wurde.

Es war klar, daß man zur Geschäftsführung einen Fleischhauer brauchte. Durch Zufall stieß man auf Johann Dutter, seit 1988 Fleischhauermeister, der durch seine Tätigkeit bei Fleischhauern, Handelsketten und in Wurstfabriken genügend Erfahrung mitbrachte und der den Wunsch hatte, einmal selbständig zu sein. Der Bauernsohn aus Hochwolkersdorf ist zwar nunmehr wieder Angestellter, aber als Geschäftsführer weitgehend unabhängig und auch am Erfolg beteiligt. Es gibt noch vier weitere Angestellte, zwei in der Fleischhauerei, zwei im Verkauf – aber auch die Vorstandsmitglieder der Gemeinschaften arbeiten bei Gelegenheit selbst mit. So etwa die Bäuerin Gabriele Schuh, welche stundenweise hinter der Kassa sitzt. Oder der Bauer Alois Zöger, Obmannstellvertreter der Bezirksbauernkammer, welcher in der Auslieferung mithilft und für die Werbung zuständig ist.

Zöger, der auch selbst Tiere anliefert, formuliert klar, was die beteiligten Bauern von der Gemeinschaft haben: ‚Viele von uns möchten Fleisch ab-Hof verkaufen, die Nachfrage ist da, vor allem bei jenen, die auch einen Mostheurigen haben. Um Tiere zu schlachten, müßte jeder von uns viel investieren. Nunmehr übernimmt die Fleischhauerei der Gemeinschaft die Schlachtung und wir holen uns das Fleisch ab und verkaufen es ab-Hof. Das ist das eine. Das andere ist, daß wir unsere Rinder, Schweine, Lämmer usw. der Gemeinschaft anbieten können, und diese verkauft sie im Geschäft. Daß wir dabei einen günstigeren Preis als über den Handel erzielen, ist klar.'

Jedes Gemeinschafts-Mitglied muß 10.000 Schilling Beitrittsgebühr zahlen und der Gemeinschaft jedes Tier zum Verkauf anbieten – doch diese ist nicht verpflichtet, es zu nehmen, falls sie gerade nicht genug Bedarf hat oder wenn das Tier den Richtlinien nicht entspricht. Zöger weist auf einen weiteren Punkt hin, der seiner Meinung nach besonders wichtig ist: ‚Da die Tiere vom jeweiligen Besitzer selbst in die Fleischhauerei gebracht werden, und da die Anfahrtswege nicht weit sind, gibt es keinen Streß für die Tiere. Bei uns gibt es wirklich eine streßfreie Schlachtung. Das ist im Sinne des Tierschutzes wichtig und erhöht auch die Fleischqualität.'

Derzeit übernimmt die Bauerngemeinschaft wöchentlich bis zu 16 Schweine und zwei bis drei Rinder, doch sollte diese Anzahl, wenn einmal alles läuft, auf bis zu 25 Schweine und bis zu fünf Rinder wöchentlich steigen.

Seit 1. Juli 1996 hat die neue, alte Fleischhauerei in Krumbach geöffnet. Trotz der kurzen Zeit kann sich Obmann Ungerböck jetzt schon freuen: ‚Es rennt schon ganz gut', sagt er. Mittels 10.000 Flugzetteln und Werbung in den Lokalzeitungen und natürlich Mundpropaganda hat sich schon herumgesprochen, daß man in der ‚bvg' bäuerliche Qualitätsprodukte kaufen kann – zu sehr vernünftigen Preisen. Kunden aus Krumbach, aber auch Pendler aus dem Burgenland, sind bereits gute Kunden geworden. Kunden, die, wie Gabriele Schuh berichtet, sehr wohl danach fragen, von wem dieses oder jenes Produkt stammt –

denn original-bäuerlich ist gefragt und genießt Vertrauen. Wenn das Modell, das übrigens als 5b-Projekt von der EU gefördert wird, funktioniert, wird es sicher in anderen Gemeinden Schule machen.'"

8. Kapitel

Bauern und Tourismus

Die Alpen sind neben den Mittelmeerländern Europas wichtigstes Erholungsgebiet. Derzeit strömen jährlich mehr als 40 Millionen Touristen in diesen Raum.

Tourismus und Landwirtschaft sind eng verflochten. Ohne Tourismus wäre manche ländliche Region wirtschaftliches Notstandsgebiet. Ohne Landwirtschaft hat aber auch der Tourismus keine dauerhafte Chance. Es gibt also eine „natürliche" Partnerschaft zwischen Landwirtschaft und Tourismus. Naheliegend wäre es, diese Partnerschaft zu vertiefen. Dazu gibt es viel Literatur und umfangreiche Studien. In der Theorie weiß man genau, wie es gehen könnte. Praktische Beispiele sind rar. Das mag damit zusammenhängen, daß über lange Jahre beide Teile unabhängig voneinander erfolgreich waren, ohne diese Partnerschaft in besonderer Weise zu pflegen. Heute ist das anders. Landwirtschaft wie Tourismus haben mit ernsten Problemen zu kämpfen. Die Frage, wie man gemeinsam besser überleben kann, wird immer drängender. „Das junge Gastgewerbe Vorarlberg", eine Organisation mit über 500 Mitgliedsbetrieben, hat gezeigt, wie man es machen könnte:

Die Initiative setzt auf bäuerliche Erzeugnisse aus der Region. Der Zusammenhang der bäuerlichen Produktion mit dem Erhalt der natürlichen Landschaft soll bis hin zum Endverbraucher deutlich gemacht werden. Der Aufbau des ökologischen Bewußtseins ist beiden Teilen ein besonderes Anliegen.

In regelmäßigen Abständen werden Spezialitätenwochen veranstaltet, an denen sich durchschnittlich 25 Gastronomiebetriebe beteiligen. Je nach Saison steht dabei ein Spezialprodukt aus der Region im Vordergrund.

Auf den Speisekarten finden sich regelmäßig heimische Spezialitäten, deren Herkunft möglichst genau ersichtlich ist. Meist wird neben der Region auch der bäuerliche Lieferant angeführt. Es mangelt nicht an kreativen Ideen. Ein Hotel zog mit seiner Küche für ein Wochenende auf einen Bauernhof und feierte dort ein Fest mit seinen bäuerlichen Lieferanten. 6.000 Besucher belohnten diese Initiative. Gemeinsame Messebeteiligungen vermitteln ein neues „Wir-Gefühl".

Gegenseitige Betriebsbesichtigungen sollen zum Verständnis der unterschiedlichen Probleme beitragen.

Als Alternative zu billigen Kitsch-Souvenirs bieten über 20 Gastronomen den „Bauernkasten" an. Neben Lebensmitteln und Getränken finden sich Molke-Körperpflegeprodukte, Stutenmilch-Kosmetik, Wachserzeugnisse oder bäuerliches Handwerk im Sortiment.

Die wohl umfassendste Initiative ist die seit 1991 bestehende Bregenzer-Wälder-Partnerschaft von über 100 Land- und 50 Gastwirten, zehn Metzgereien, zwei Handelsbetrieben und 22 Sennereien. Die Organisatoren dieser breiten Bewegung, der Vorarlberger Naturprodukteverein und der Bregenzer-Wald-Tourismus, wurden für ihr Engagement schon mehrmals mit Marketingpreisen ausgezeichnet.

Unter dem Slogan „Gröstl contra Pizza" wurde 1992 eine Initiative zur Bewahrung der Tiroler Wirtshauskultur ins Leben gerufen. Die Liebe zur Tiroler Kost, die Frische der verwendeten Produkte aus Landwirtschaft, Gewässern und Wäldern und das besondere Augenmerk auf authentische Atmosphäre und Architektur sollte damit bei einheimischen Wirtsleuten propagiert und bestärkt werden.

Reagiert wurde mit dieser vom Land Tirol unterstützten Aktion auf das zunehmende Verschwinden regional gewachsener Gaststätten, die seit jeher wichtige kulturelle wie kommunikative Zentren von Dörfern darstellten. Mittlerweile kann die Initiative, die bereits 129 Mitgliedsbetriebe aufweist, erfolgreich Bilanz ziehen: In den vier Jahren ihres Bestehens zeigte sich, daß mit der Philosophie der Rückbesinnung auf traditionelle Werte auch entsprechende wirtschaftliche Erfolge zu erzielen sind. Für die Zukunft steht die Qualitätssicherung auf der Wunschliste ganz oben. Von den Bauern erwartet sich der Gastwirt eine regelmäßige Belieferung mit gleichbleibender Qualität. Die Bauern wiederum wollen für ihre Spitzenprodukte höhere Preise erzielen.

Ein Beispiel: Das Wildschönauer Bauernfrühstück. Einmal pro Woche ein Frühstücksbuffet mit Produkten direkt vom heimischen Bauern, das war der Grundgedanke zum „Wildschönauer Bauernfrühstück".

Daß diese Idee eingeschlagen hat, zeigt sich auch daran, daß in der Zwischenzeit ähnliche Aktionen im Tiroler Ötztal und in den noblen Schweizer Tourismusorten Davos und St. Moritz durchgeführt werden. Seit dem Frühjahr 1994 beliefern Bio-Bauern das Frühstücksbuffet im noblen Wiener Hotel „Imperial".

Wie schwierig es ist, ein in der Theorie einsichtiges Projekt in die Praxis umzusetzen, möchte ich am Beispiel „Wildschönauer Bauernfrühstück" aufzeigen:

Es war im Herbst 1994. Die Diskussion über ja oder nein zu einem EU-Beitritt Österreichs steuerte einem neuen Höhepunkt zu. Die Bauern waren besonders kritisch.

Zu später Stunde traf ich zufällig meinen Nachbarn. Kaum sah er mich, rief mir Herbert Leitner, ein hoffnungsvoller Jungbauer, zu: „Damit du es weißt: Wenn die EU kommt, haue ich die Landwirtschaft hin, und viele meiner Berufskollegen werden das gleiche tun." Ich ärgerte mich über den aggressiven Ton und meinte ebenso schnell: „Wenn du hinhaust, dann nicht wegen der EU, sondern weil du zu wenig Ideen hast, wie man die Vorteile in unserem Tal besser nutzen könnte."

Das machte ihn stutzig. „Wie meinst du das?"

„Weißt du", sagte ich, „es ist nicht besonders intelligent, daß wir das Wenige, das wir von unseren kargen Böden ernten, zunächst mühevoll sammeln und dann in die nächste Zentrale transportieren. Dort wird es vermischt und verpackt, und dann kaufen wir das Ganze zum dreifachen Preis wieder zurück. Es müßte doch möglich sein, unsere Kunden im Tal direkt zu beliefern." Ich dachte dabei im Besonderen an eine Achse Tourismus–Landwirtschaft. „Das leuchtet ein", bemerkte Herbert, „aber du solltest nicht nur gescheit reden und uns erklären, wie es geht, du sollst uns das zeigen." Ich konnte nicht mehr zurück. So schwierig wird es ohnehin nicht sein, dachte ich mir. Also sagte ich ja.

Der erste Schritt war eine Einladung an alle Bauern und Gastwirte. Wir trafen uns in einem alten Wirtshaus. Die Stube war übervoll, die Stimmung großartig. Vom Projekt an sich waren alle begeistert. Schwierig wurde es, als wir auf Detailfragen zu sprechen kamen. Die Gastwirte waren gerne bereit, bäuerliche Produkte zu kaufen, aber zu den gleichen Bedingungen wie von den Handelsketten: „Just in time", portioniert und abgepackt und natürlich möglichst billig.

Bemerkungen wie Umweltpflege oder Kulturlandschaft wurden mit einer Handbewegung abgetan. Das wiederum ärgerte die Bauern. Sie waren überzeugt, daß sie besondere Qualität zu bieten haben und dafür auch einen besonderen Preis verlangen können. Jedenfalls endete der Abend wenig harmonisch. Ein Bauer, er stand gerade am Ausgang, drehte sich noch einmal um und rief seinem Nachbarn – einem Wirt – zu: „Damit du es weißt: Deine Gäste können im nächsten Winter auf deinem Balkon langlaufen und nicht mehr auf meiner Wiese." Wenige Wochen später trafen wir noch einmal zusammen. Diesmal kam nur mehr die Hälfte, sowohl bei den Bauern als auch bei den Gastwirten. Der Verlauf des Abends war ähnlich.

Ich war enttäuscht. So konnte es nicht weitergehen. Aber: Wer neue Wege geht, muß mit Gegenwind rechnen. Es kam zu einem dritten Versuch. Die Runde war klein: zehn Bauern und vier Gastwirte. Um Mitternacht waren wir soweit. Wir nahmen uns vor, nicht mit einem Großprojekt zu beginnen, sondern über die Idee „Wildschönauer Bauernfrühstück" Erfahrung zu sammeln. Ich erinnere mich noch gut an die erste Präsentation. In der Gaststube war auf der einen Seite das normale altgewohnte Frühstücksbuffet aufgebaut. Auf der anderen Seite präsentierten die Bauern liebevoll ihr „Wildschönauer Bauernfrühstück". Das Publikum, Gäste aus mehreren europäischen Ländern, war interessiert. Sie bewunderten den schönen Aufbau, bedienten sich aber vom Frühstücksbuffet, das sie bereits kannten. Erst als wir den Gästen erklärten, warum wir das heute machen, was das Besondere daran ist, und ihnen die einzelnen Produkte vorstellten, war das „Wildschönauer Bauernfrühstück" der große Renner. Heute ist die Kennzeichnung mit einem kurzen Hinweis auf die Herkunft selbstverständlich. Wir bieten auch Spaziergänge zu den Lieferanten an, damit sich die Gäste selbst davon ein Bild machen können. Sinnvollerweise tun wir das meist einen Tag vor der Heimfahrt, damit jeder die Gelegenheit hat, eine ausreichend große Kostprobe nach Hause mitzunehmen. Dieser Direktverkauf ab-Hof kommt besonders gut an. Das „Wildschönauer Bauernfrühstück" ist natürlich nicht „die Lösung des Agrarproblems". Aber es ist ein interessantes Beispiel eines neuen Weges und einer sinnvollen Partnerschaft.

Ausgezeichnet entwickelt hat sich der „Urlaub am Bauernhof". Auf diesem Gebiet ist Österreich auch international führend. Insgesamt vermieten 21.000 (1990) bäuerliche Familien Zimmer und Ferienwohnungen an Gäste. Die angebotenen 220.000 Betten stellen etwa ein Sechstel des gesamten österreichischen Bettenangebotes dar. Was bei der bäuerlichen Zimmervermietung alles zu berücksichtigen ist, möchte ich an einem Beispiel erläutern.

Josef Moser lebt im Tiroler Unterland. Er hat zehn Stück Rinder, etwas Kleinvieh und zur Freude der Familie zwei Haflingerpferde. Zunächst versuchte er, durch Zupacht die Wirtschaftsbasis seines Hofes zu verbessern. Doch bald zeigten sich die Grenzen dieses Weges. Der Betrieb liegt im Berggebiet, die Pachtflächen sind steil, die Bewirtschaftung schwierig. Eine Betriebsvergrößerung war daher nur bedingt möglich, Josef Moser mußte nach anderen Möglichkeiten Ausschau halten. Als günstige Gelegenheit bot sich der „Urlaub am Bauernhof" an. Die Bäuerin, die bisher in Haus und Hof mitarbeitete, war dazu gerne bereit. Allerdings nur unter einer Bedingung: Sie wollte sich auf die Vermietung konzentrieren und nicht weiter in Stall und Feld mithelfen müssen. Nächtelang wurde diskutiert. Gemeinsam besuchte man Betriebe mit einer ähnlichen Verfassung. Die Entscheidung fiel nicht leicht. Die Erfahrung „aus der Praxis für die Praxis" gab letztlich den Ausschlag. Heute ist das Ehepaar mit dem Ergebnis zufrieden. Die Pachtflächen sind aufgelassen. Der ursprüngliche Viehbestand wurde beibehalten und in das Gesamtkonzept eingebaut. Vermietet werden nicht nur Zimmer, sondern der „lebende Bauernhof". Die eigenen Produkte gehören ebenso dazu wie Streicheltiere für Kinder und Reitpferde für Erwachsene. Für die Bewirtschaftung der Felder sorgen die Verantwortlichen im Maschinenring. Daß dieser Bauernhof sogar mit Bild und Text im Internet zu finden ist, gilt jetzt noch als Besonderheit. Zunächst haben sich deshalb auch kaum zusätzliche Gäste gemeldet. Aber man will dabei sein und Erfahrung sammeln. „Vielleicht wird es auch einmal ein Geschäft", hofft die Bäuerin.

Nicht nur bei Nahrungsmitteln wollen die Kunden wissen, wie es um die Beschaffenheit eines Produktes steht. Auch die Urlaubsgäste verlangen zunehmend

„Produktsicherheit" bei der Wahl ihres Feriendomizils. Deshalb hat der „Bundesverband Urlaub am Bauernhof" ein spezielles Gütesiegel entwickelt. Zwei, drei oder vier Blumen geben Auskunft über die Ausstattung der Zimmer, die Art der Bewirtschaftung des Hofes, über Lage und Umgebung, Freizeitangebote oder über die Möglichkeit, bäuerliche Naturprodukte zu kaufen. Auch ökologische Gesichtspunkte wie Abfallbeseitigung oder Müllvermeidung spielen bei der Beurteilung eine Rolle. Viele Höfe haben sich spezialisiert. Der Gast kann wählen zwischen Reiter-, Kinder-, Bio- oder Gesundheitshöfen. Andere wiederum haben sich auf die Jagd spezialisiert.

„Urlaub am Bauernhof" bietet den Gästen die Chance, Natur, Land und Leute unmittelbar kennenzulernen. Da der weitaus größte Teil der Vermieter Zimmer mit Frühstück anbietet, sind die Bauernhof-Gäste eine interessante Zielgruppe für die Landgasthöfe. „Urlaub am Bauernhof" trägt zur regionalen Entflechtung der Tourismusströme bei. Der größte Teil der Höfe befindet sich außerhalb touristischer Zentren. Für die Bauern ist es eine günstige Gelegenheit für ein Zusatzeinkommen. Der besondere Vorteil dabei ist, daß dieses Zusatzeinkommen in Verbindung mit der Arbeit am Hof erzielt werden kann. Schließlich zeigt sich, daß viele Gäste erst über diese Urlaubsform mit bäuerlichen Spezialprodukten vertraut werden. Damit wird der Boden bereitet für neue Kunden.

Die Bauern sind ideenreich, wenn es darum geht, neue Absatzwege zu erschließen. Jausenstationen an Wanderwegen oder auf Hochalmen sind Beispiele dafür. Wenn aber die Autos auf diesen Almen die Zahl der Kühe übertreffen, dann wird es kritisch. Und wenn dazu noch ein lärmender Kassettenrecorder Natur und Naturliebhaber stören, dann beginnt der Verlust des regionalen Charakters.

Vor Jahren habe ich vorgeschlagen, „Fußgängerzonen in den Alpen" einzuführen. In besonders sensiblen Gebieten sollten Wege und Hofzufahrten ausschließlich dem Wirtschaftsverkehr vorbehalten sein. Diese Wege könnten bodensparender, landschaftsfreundlicher und billiger angelegt werden. Und die Spaziergänger würden nicht dauernd durch Lärm, Staub und Abgase vorbeifahrender Autos belästigt.

Tourismus und Landwirtschaft ergänzen einander in weiten Bereichen auf ideale Weise. Aber auch in den besten Familien gibt es gelegentlich Probleme. Oft sind es belanglose Dinge, die beiden Teilen das Leben schwer machen. Da gibt es Schwierigkeiten bei der Benutzung einer Langlaufloipe. Ein Wanderweg kann nicht angelegt werden, weil ein Grundbesitzer dagegen ist. Gäste klagen über zu intensive „Landluft", weil gerade gedüngt wurde, andere wiederum stört das Geläute der Kuhglocken. Der Bauer ärgert sich, wenn Wanderer durch seine Wiesen trampeln (seine Betriebsstätte!), achtlos Flaschen oder Blechdosen wegwerfen, Weidezäune ruinieren oder gedankenlos ein Gatter offenlassen.

Good Will von beiden Seiten könnte viele Probleme aus der Welt schaffen. Denn ich glaube kaum, daß Gäste absichtlich Schaden anrichten wollen, und bin davon überzeugt, daß der Bauer nicht mutwillig Schwierigkeiten macht. Man wird mehr Aufklärungsarbeit leisten müssen – auf beiden Seiten.

9. Kapitel

Die Aushungerung der Dörfer

Die Attraktivität eines Raumes steht in einem engen Zusammenhang mit den Möglichkeiten, die dieser Raum bietet. An erster Stelle geht es dabei um die sogenannten Grundbedürfnisse des Lebens wie ärztliche Versorgung, Schule und Kindergarten, Einkaufsmöglichkeiten und Verkehrsverbindungen. Erst wenn diese Basisdienste in der näheren Umgebung zur Verfügung stehen, spricht man von Lebensqualität. Natürlich spielt auch die Erreichbarkeit des Arbeitsplatzes eine zentrale Rolle. Ein Gebiet, das die Mindestansprüche der Versorgung nicht sicherstellen kann, verliert auch seine Funktion als Erholungsraum. Wenn man nicht mehr einkaufen kann, im Notfall keinen Arzt erreicht, die Feuerwehr nur mehr an Wochenenden einen Brand löscht oder bei Unwettern zur Seite steht, weil das Dorf ausgestorben ist, dann wird selbst der schönste Urlaub problematisch. Gute Luft und eine schöne Aussicht sind für ein Leben auf dem Lande zu wenig. Wer attraktive Dörfer und ländliche Regionen haben möchte, der muß die Wirtschaft in der Region leben lassen, das örtliche Gewerbe fördern, den heimischen Handel und das Lebensmittelgeschäft unterstützen und Produkten aus der Region den Vorzug geben.

In den vergangenen Jahrzehnten haben sich in vielen europäischen Ländern private und öffentliche Anbieter von Dienstleistungen zunehmend „aus der Fläche" zurückgezogen. Auch in Österreich kann man diese Entwicklung deutlich registrieren. Zunächst hat man die Gemeinden zusammengelegt, dann die Schulen. Nebenbahnen wurden stillgelegt, Gendarmerieposten aufgelassen. Derzeit sind die Bezirksgerichte an der Reihe. Die Post wird folgen. Und dann beginnt der „Kreislauf" wieder von vorne ... Damit werden Dörfer und ländliche Regionen „ausgehungert" und ihrer Lebenskraft beraubt.

Mit dem Verschwinden der Poststelle, des Dorfwirtshauses und des letzten Lebensmittelgeschäftes verschlechtert sich nicht nur die materielle Versorgung nachhaltig. Es verschwinden zugleich auch wichtige Orte der Kommunikation, die das soziale und kulturelle Leben in den Dörfern entscheidend prägen. Mit der Aufgabe der Dorfschule werden die Schüler nicht nur zu Kinderpendlern. Dem Ort wird auch ein geistiges Zentrum genommen.

Diese Entwicklungen verlaufen in den einzelnen Regionen unterschiedlich. In den Umlandgebieten der Städte und in aufstrebenden Tourismusorten sind die notwendigen Einrichtungen der Infrastruktur ausreichend vorhanden. Schwierig wird es in entlegenen Regionen. Dort, so argumentiert man, wohnen zu wenig Menschen und wo zu wenig „Leben" ist, rechnen sich Investitionen nicht. Diese Darstellung erscheint mir zu einseitig. Sie nimmt auf die Lebenschancen der Menschen keine Rücksicht. Wo nur Effizienz zählt und die soziale und kulturelle Dimension keinen

Platz mehr finden, geht Individualität verloren und damit auch ein Stück Heimat. Wir dürfen unser Leben nicht auf die Fragen der Effizienz verkürzen.

Wenn Bezirksgerichte aufgelassen, Gendarmerieposten zugesperrt oder Nebenbahnen stillgelegt werden, gibt es in der Regel Proteste der Bürger. Sie verlangen die Beibehaltung dieser Einrichtungen. Die Forderung ist verständlich. Proteste allein können aber nicht die Antwort sein. Die Bürger betroffener Regionen sind aufgerufen, neue Wege zu gehen und eigene Initiativen zu entwickeln.

Die Menschen im ländlichen Raum legen großen Wert auf eine eigenständige Entwicklung. Es kann daher nicht richtig sein, städtische Organisationssysteme automatisch für das Land zu übernehmen. Die Stadt ist nach dem Prinzip der großen Zahl organisiert, auf dem Land ist in der Regel das Gegenteil der Fall. Maßgeschneiderte Strukturpakete für den ländlichen Raum sollten daher von der Idee der Bündelung ausgehen und die Möglichkeiten der Vernetzung stärker berücksichtigen. Ich möchte dazu ein Beispiel bringen, das einige Jahrzehnte zurückliegt:

Bündelung von Dienstleistungen

Mit dem Aufkommen der Maschinenringe ergab sich die dringende Notwendigkeit, das Telefonnetz im ländlichen Raum auszubauen. Nur dann, wenn ein Telefon zur Verfügung steht, kann ein Maschineneinsatz rasch und wirkungsvoll vermittelt werden. Die politische Vertretung der Bauern verlangte daher umgehend den Ausbau des Telefonnetzes. Mit der Forderung allein war es aber nicht getan. Auf Grund der großen Entfernungen und der geringen Besiedlungsdichte ging alles viel zu langsam. Außerdem standen die Kosten in keinem Verhältnis zu einem Telefonanschluß in der Stadt. Im Februar 1972 brachte ich im Parlament den Vorschlag ein, den ländlichen Raum im Wege sogenannter „Telefonanschlußgemeinschaften" zu erschließen. Die Idee dabei war, nicht jeden Telefonanschluß, wie das in der Stadt meist üblich ist, individuell zu erledigen, sondern mehrere Anschlüsse, die auf einer Strecke liegen, gemeinsam abzuwickeln. Damit erspart man sich teure Grabungsarbeiten, und der Bautrupp der Post kann mehrere Anschlüsse unter einem durchführen. Alles geht rascher und vor allem billiger. Die Post hat dieses Modell aufgegriffen. Heute ist der ländliche Raum mit Telefonanschlüssen ausreichend versorgt. Der nächste wichtige Schritt auf diesem Gebiet sind die Datenbahnen, damit die Vorteile der Informationsgesellschaft auch für die Menschen auf dem Lande wirksam werden. Die Grundidee, Funktionen zu bündeln und Einrichtungen gemeinsam zu nutzen, hat zu einer Vielzahl von Modellen geführt, die für die Zukunft des ländlichen Raumes richtungsweisend sein können.

In einigen deutschen Dörfern bieten „Nachbarschaftsläden" neben Lebensmitteln auch Post- und Bankdienstleistungen an. Sie übernehmen Reinigungs- und Reparaturdienste oder fungieren als Lottoannahmestelle. Das Modell ist seit einigen Jahren in Erprobung. Zwölf Pilotprojekte werden vom Ministerium für Raumordnung, Bauwesen und Städtebau gefördert.

Britische Dorfläden verfügen traditionell auch über eine Poststelle. Ähnliche Versuche laufen derzeit in Österreich mit Tankstellen, Lebensmittelgeschäften und Tourismusbüros.

Interessant finde ich die Vernetzung regionaler Kleingemeinden im Schweizer Kanton Wallis. Routinearbeiten und statistische Erledigungen werden über eine Gemeinschaftseinrichtung erledigt und über Telekommunikation abgerufen.

Wäre ein ähnliches Modell nicht auch für ländliche Gendarmerieposten denkbar?

Sicherheit, „die man sieht", wird heute allseits geschätzt. Jeder weiß aber, wenn er gelegentlich auf einem Gendarmerieposten zu tun hat, mit wieviel Bürokratie und Schreibarbeiten die Sicherheitsorgane belastet sind. Das wäre nicht notwendig. Ein Vernetzungsmodell nach dem Muster der Schweizer Kleingemeinden könnte die Gendarmerieposten von der zeitraubenden und bürokratischen Routinearbeit entlasten. Damit entstünde Spielraum für den echten Sicherheitsdienst, der sich dann auch in kleinen Gemeinden „rechnen" würde.

In Österreich steht derzeit die Schließung von 30 Bezirksgerichten auf dem Programm. „Ein Zwergerl bleibt ein Zwergerl", meinte dazu der zuständige Sektionschef. Das ist zu einfach. Anstatt zuzusperren, könnte man den Bezirksgerichten neue Aufgaben übertragen. Arbeitstechnisch dürfte das in unserer Computer-Welt kein Problem sein. Die Frankfurter Allgemeine Zeitung berichtet von einem Pilotversuch in einer ländlichen Region im Raume Magdeburg. In einem alten Schulgebäude können die Bürger an Ort und Stelle ihre Bankgeschäfte erledigen, Fahrkarten für die Bundesbahn oder Eintrittskarten für das Theater in Magdeburg erstehen. Sie können ihr Auto anmelden, einen Paß und ein polizeiliches Führungszeugnis beantragen und Auskünfte ihres nächstgelegenen Arbeitsamtes einholen. Mit Hilfe des Computers können sich die Mitarbeiter jederzeit mit Sachbearbeitern in den angeschlossenen Behörden in Verbindung setzen, wenn sie mit ihrem Latein am Ende sind. Die dreijährige Pilotphase wird vom Bundesforschungsministerium und der Europäischen Union unterstützt.

Interessant ist ein Nahversorgungsmodell in St. Daniel in Kärnten. Zu Silvester 1990 ließ der Greißler von St. Daniel im Gailtal die Rolläden herunter. Das war nichts Außergewöhnliches. In weiten Teilen Europas mußten im Laufe der Jahre zahlreiche ähnliche Geschäfte angesichts des Konkurrenzdruckes der Handelsketten und Supermärkte geschlossen werden. Nach einer Untersuchung der Wirtschaftskammer (1994) haben in Österreich 200 Gemeinden kein eigenes Lebensmittelgeschäft. Die 450 Bewohner von St. Daniel wollten sich mit diesem Trend nicht abfinden. Sie gründeten einen „Förderverein". 60 Konsumenten und sieben Bauern stifteten ein Startkapital von rund 160.000 Schilling. Eine beachtliche Förderung von 900.000 Schilling gewährte die Kärntner Landesregierung. Auch der Bezirk Hermagor, die Gemeinde Dellach, sowie die „Eigeninitiative Oberes Gailtal-Lesachtal-Drautal" stellten sich mit Zuschüssen ein. Als die Finanzierung gesichert war, begann man die Räumlichkeiten des ehemaligen Adeg-Kaufmannes von Grund auf neu zu gestalten. Das neue Geschäft wurde am 20. Juli 1992 eröffnet. Als Träger wirkt seither eine Ges.m.b.H.

Die Handelskette Adeg liefert das Grundsortiment. Die Bauern sorgen für Milch, Butter, Käse, Brot, Eier, Speck, Fleisch, Würste, Gemüse und Honig. Welche Produkte geführt werden, entscheidet nicht nur der fix angestellte Geschäftsführer. Dafür ist auch ein eigener Hausfrauenbeirat zuständig. Fünf Damen treffen einander alle zwei Monate und diskutieren über die künftige Sortimentgestaltung und über das Marketing.

„Auf Grund der relativ kleinen Verkaufsfläche von rund 85 m^2 haben wir statt zehn verschiedener Arten von Zahnbürsten nur eine, und statt vier Sorten Mineralwasser führen wir nur zwei."

Vierteljährlich erscheint der „St. Danieler Geschäftskurier", der neben aktuellen Mitteilungen über Preise und Warenkorb auch besondere Aktivitäten ankündigt.

So gab es schon Milch- und Käsewochen sowie Adventmärkte. Die „Bioquelle" bietet eine reiche Auswahl an naturnahen Erzeugnissen. Inzwischen hat sich das „St. Danieler G'schäft" auch zu einem Magnet für Touristen entwickelt. Das kunsthandwerkliche Angebot aus der Region wird dabei besonders geschätzt.

Der Vorstandsdirektor der Adeg in Spittal lobt das Projekt. Seiner Meinung nach könnte die Zusammenarbeit von Handelsketten und privaten Betreibern – wie in St. Daniel – für viele Gebiete eine optimale Nahversorgung sichern.

Das Milchkannen-Syndrom – Ein ländliches Schulmodell

Eduard Wallnöfer, dem langjährigen Landeshauptmann von Tirol, war die Dorfschule ein besonderes Anliegen. Bei einer Veranstaltung mit Bürgermeistern sagte er: „Ihr dürft euch nicht wundern, daß sich unsere Kinder der Heimat entfremden, wenn wir sie behandeln wie die Milchkannen. Wir stellen sie in der Früh an den Straßenrand. Dort werden sie abgeholt. Und am Abend leer, müde und ausgebrannt wieder zurückgestellt. Daß ein junger Mensch, der so aufwächst, keine innere Beziehung zu seinem Dorf und zu seiner Heimat hat, liegt auf der Hand; wir sind selbst daran schuld."

In Tirol wurde das Modell „Neue Landhauptschule" entwickelt. Die Grundidee:

Die Kinder gehen am Vormittag – so wie bisher – in die regionale Hauptschule und werden dort in den Pflichtgegenständen unterrichtet. Am Nachmittag kommt der Lehrer ins Dorf. Dann erfolgt der Unterricht in den verschiedenen Freigegenständen. Angeboten wird eine breite Palette von Umwelt- und Heimatkunde über Musik, Sport und Werken bis zu Foto- und Elektronikkursen. Die Erfahrung zeigt, daß 80 Prozent der Schüler am freiwilligen Zusatzunterricht teilnehmen.

Der Schlüssel für den Erfolg dieses Modells sind engagierte Lehrer. Sie sehen in ihrem Beruf mehr als nur einen „Job" mit starrer Stundenzahl. Sie verstehen sich – wie einst der vielgelobte Dorflehrer – als kulturelle Impulsgeber des ländlichen Raumes.

Alle Modelle zeigen, daß es möglich ist, durch gemeinsame Aktionen und durch eine Bündelung von

Ideen und Leistungen die Nachteile der kleinen Einheit zu überwinden. Selbstbewußtsein ist gefragt! Und Engagement! Wir dürfen nicht darauf warten, daß sich „die anderen" um diese Lebensfragen annehmen. Möglichst viele Landmenschen müssen sich für die Aufwertung des Landes einsetzen. Die Region muß Profil entwickeln. Vom Geld war bisher kaum die Rede. Üblicherweise steht das Wort „Hilfe" an erster Stelle, wenn es darum geht, den ländlichen Raum zu entwickeln. Man muß endlich vom Geruch des Subventionsempfängers wegkommen. Ich halte diesen Ansatz für demütigend und entwürdigend. Die Menschen auf dem Lande haben ein Recht auf gleichwertige Lebenschancen. Um sie gilt es zu kämpfen. Mit Eigenständigkeit und Stolz. Neben der sozialen Gerechtigkeit wird es in Zukunft darauf ankommen, die regionale Gerechtigkeit deutlicher in den Vordergrund zu rücken. Optimale Rahmenbedingungen sind keine „Gnade der Politik". Ich behaupte, daß die Menschen darauf einen Anspruch haben. Das kann zu Spannungen führen. Vor allem dann, wenn es um die materielle Abgeltung der sogenannten „überwirtschaftlichen Leistungen" geht.

Dem notwendigen Dialog Stadt–Land, Gesellschaft – Bauernstand, sollte man nicht ausweichen. So wie es derzeit läuft, ist es unbefriedigend. Es wird zwar viel vom ländlichen Raum geredet, aber zu wenig getan. Das kann auf die Dauer weder für das Land, noch für die Stadt gutgehen. Der langjährige französische Ministerpräsident Edgar Faure sagt es deutlich: „Wenn das Land nicht mehr atmet, wird auch die Stadt ersticken."

10. Kapitel

Selbsthilfe durch neue Ideen Spezialitäten erobern Märkte

Wettbewerb ist das Bestreben, besser zu sein als der Konkurrent. Das sagt sich leicht und erinnert mich an eine Anekdote: Zwei Touristen gehen im Urwald spazieren. Plötzlich sehen sie in der Ferne einen Tiger. Da kniet sich der eine Tourist hin und versucht, schnell seine Joggingschuhe anzuziehen. Sagt der andere: „Du wirst doch nicht glauben, daß du damit dem Tiger davonlaufen kannst?"

„Nein, nein", antwortete dieser, „darauf kommt es nicht an, ich muß nur etwas schneller sein als du."

Wer nur Rohware verkauft, muß über große Flächen oder hohe Tierbestände verfügen, damit er wirtschaftlich bestehen kann. Rohware ist relativ leicht austauschbar, die Konkurrenz daher besonders groß und der Preisdruck erheblich. Wer seine Ware nur über den Preis verkauft, wird sich immer nach den Erzeugnissen mit dem niedrigsten Preis richten müssen. Erst wenn ein Produkt einen speziellen Charakter besitzt, wenn es sich durch besondere Eigenschaften von der Konkurrenz unterscheidet und diese Merkmale auch deutlich erkennbar sind, bekommt es einen hohen Stellenwert auf dem Markt – es wird unverwechselbar. Die Möglichkeiten dazu sind vielfältig. In der Landwirtschaft bieten sich alternative Fütterungsmethoden, alte und neue Formen der Düngung sowie eine originelle Verarbeitung an. Je stärker Unterschiede sichtbar werden, um so günstiger ist dies für das Image. „Die Konsumenten wollen Gefühle kaufen und keine Ware", meint der Freizeitforscher Horst Opaschowski. Diesen Trend machen sich viele Betriebe, Gemeinschaften und Genossenschaften zunutze.

Das Tiroler Paradeunternehmen D'arbo erzeugt Marmelade. Wer D'arbo kauft, weiß, daß er etwas mehr bezahlen muß, dafür aber auch eine besondere Spezialität bekommt. Die Produkte werden im In- und Ausland geschätzt.

Ich erkundigte mich bei der Geschäftsführung nach dem Werdegang des Unternehmens. Dabei stellte sich heraus, daß D'arbo zunächst Massenware verkaufte. Zwar gute Marmelade, aber etwas, das man „überall" bekommen konnte.

„Wir haben uns auch bemüht", so Hans Lindner, „zu möglichst günstigen Preisen anzubieten. Aber es war immer einer da, der noch billiger war. So konnte es nicht weitergehen!"

Der Weg „von der Masse zur Klasse" war nicht einfach. Die erste und wichtigste Voraussetzung war eine exzellente Rohware. In der Verarbeitung hatten wir bereits Erfahrung. Was wir aber unterschätzt hatten, waren die Schwierigkeiten bei der Präsentation auf dem Markt. Es ist offenbar nicht einfach, Marmelade als etwas Besonderes anzubieten. Kaum hatten wir erste Erfolge zu verzeichnen – auch auf dem Preissektor – kam die Konkurrenz mit einem täuschend ähnlichen Erscheinungsbild. Es dauerte lange, bis es uns gelang, unsere Produkte so zu präsentieren, daß eine

Verwechslung nicht mehr möglich war. D'arbo sieht für seine Spezialitäten in der EU eine Chance. Denn: Die Welt besteht nicht nur aus Konkurrenten, sondern auch aus Kunden.

Was einem gesunden mittelständischen Unternehmen gelingt, kann auch für kleine Betriebe ein interessantes Modell sein. Dazu ein Beispiel aus meiner Tiroler Heimat: Kaiserin Maria Theresia verdanken die Wildschönauer ein Monopol, um das sie beneidet werden. Nur im Unterländer Hochtal wird der „Krautinger“ gebrannt und sonst nirgendwo in der Alpenrepublik. Selbst im „Tausendjährigen Reich“ wurde dieses uralte Recht vom Reichsministerium für Finanzen in Berlin mit Zahl V7233II vom 5. Oktober 1942 bestätigt.

Das Rohprodukt für diesen speziellen Schnaps ist die weiße Stoppelrübe, auch Wasserrübe genannt. Sie wird im Herbst geerntet, sauber gewaschen und zu Brei zerkleinert. Die Maische wird mit Hefe versetzt und schließlich gebrannt.

So einfach, wie es klingt, ist die Angelegenheit aber nicht. Die Spezialisten sind überzeugt, daß viele Dinge mitspielen, wenn es um die Qualität geht. Unter anderem das Feuer. Elektrische Brennkessel sind verpönt. Buchenholz sorgt für die nötigen Temperaturen. Probleme gibt es auch mit dem Rübensamen. Eingefleischte „Krautingerbrenner“ verabscheuen Industriesamen und ziehen die Samenkörner selbst. Der „Krautinger“ ist ein altbewährtes Volksheilmittel. Die Wildschönauer schwören darauf: „Was da in die Flasche gefüllt wird, ist nicht irgendein Schnaps, sondern ein Wundermittel für den Magen!“ Der Absatz floriert. 500 Schilling und mehr werden für einen Liter „Krautinger" gerne geboten.

Seit dem EU-Beitritt sind auch die bayerischen Nachbarn auf den Geschmack gekommen. Sie tanken Gesundheit in der Wildschönau. Für viele Bergbauern ist diese Spezialität ein willkommener Zusatzverdienst. Im oberösterreichischen Innviertel bieten Bauern einen speziellen Haferschnaps an. Auch er soll besondere Gesundheitswirkungen haben. Die Kunden sind jedenfalls davon überzeugt und freuen sich über diese regionale Spezialität.

Wer einen Tiroler Speck der Spitzenklasse kaufen will, geht zu Georg Moser im Zimmermoos. Sein Betrieb liegt in der Nähe von Brixlegg im Tiroler Unterland auf 1.150 Meter Seehöhe. Nach der Theorie mancher Gelehrter dürfte sein Betrieb eigentlich gar nicht existieren. Die Zufahrt ist lang und beschwerlich. Der letzte Teil führt über einen steilen, schmalen Schotterweg. Plötzlich erreicht man eine Waldlichtung. Eingerahmt von einer imposanten Bergkulisse steht mitten auf der Wiese ein schmucker Bauernhof. Dort lebt Georg mit seiner Frau und den sechs Kindern. Die ersten Versuche, guten Tiroler Speck zu erzeugen, hat schon sein Vater unternommen. Vor mehr als fünfzehn Jahren ist Georg zielstrebig in diese Fußstapfen eingestiegen. Für ihn war klar, daß er ohne Umstellung des Betriebes vom Ertrag von sechs Hektar Wiesen auf Dauer nicht leben kann. Die ersten Jahre waren schwierig. Heute floriert der Betrieb. „Was ist dein Geheimnis?", fragte ich ihn. „Ganz so genau weiß ich das selbst nicht", meinte er mit entwaffnender Offenheit.

Das „Rohmaterial", die Schweine, bezieht er mit 40 bis 50 Kilogramm Gewicht von einem oberösterreichischen Berufskollegen. Dieser muß die Tiere nach genau vereinbarten Vorschriften halten und füttern. Anschließend bleiben sie bis zur Schlachtreife etwa vier Monate auf dem Tiroler Berghof. Die Futtermischungen werden selbst zusammengestellt. Getreide wird täglich frisch geschrotet. Fertigfutter ist verpönt.

Die Tiere werden im Betrieb geschlachtet, die fertigen Fleischstücke in großen Kammern mit offener Feuerstelle sieben bis acht Wochen lang geräuchert. Georg glaubt, daß für die Qualität nicht nur der Rauch und die behutsame, zeitaufwendige Behandlung eine Rolle spielen, sondern auch die Luft in dieser Höhenlage. Verkauft wird vor allem über den regionalen Bauernmarkt. Ursprünglich war die Direktzustellung die wichtigste Absatzquelle. Ein Teil der Kunden holt sich den Speck direkt am Hof und genießt die Möglichkeit, aus einem großen Angebot frei wählen zu können. Das Um und Auf ist die gleichbleibende Qualität. Dazu braucht es viel Erfahrung und eine intensive Auseinandersetzung mit dem Produkt. „Qualität ist, wenn der Kunde wiederkommt und nicht das Produkt", sagt Georg Moser.

Daraus läßt sich eine weitverbreitete Tendenz ablesen. Die Verbraucher interessieren sich mehr und mehr für den Ursprung, die Herstellung, die Verarbeitung und Veredelung von Nahrungsmitteln. Die Europäische Union hat bereits darauf reagiert und ist dazu übergegangen, regionale Spezialitäten zu schützen. Mit der Zuerkennung der Bezeichnung „Garantiert traditionelle Spezialität" weiß der Konsument, daß es sich um ein Produkt mit einer typischen Zusammensetzung nach einem traditionellen Herstellungsverfahren handelt.

Die „Geschützte Ursprungsbezeichnung" garantiert die Herkunft aus einem genau umschriebenen Gebiet. Ein typisches Beispiel: Bei dem oft fälschlich als Rosé-Wein bezeichneten „Schilcher" handelt es sich um einen charakteristischen Wein aus der uralten Wildbacherrebe, die in der Weststeiermark gedeiht. Im österreichischen Weingesetz gibt es für diese Sorte einen rigorosen Gebietsschutz. Leicht begreiflich, wenn man weiß, daß die rubin- oder zwiebelfarbenen Spitzenweine in den Toprestaurants pro Flasche schon mit 330 Schilling oder mehr aufscheinen. Sogar Franz Schubert hat sich bei seinem vierwöchigen Graz-Aufenthalt im Jahr 1827 in den Saft der Wildbachertraube verliebt und dies in Briefen kundgetan.

Eine gewerbliche Marktlücke haben die Schafzüchter im oberösterreichischen Mühlviertel entdeckt. Die 1990 aus einer Arbeitsloseninitiative hervorgegangene Textilwerkstatt Haslach setzt auf das Motto „Wo Wolle Wolle bleibt" und auf die Tatsache, daß moderne Menschen wieder gerne Naturtextilien tragen. Dank einer auf Zukunft gerichteten Produktentwicklung wurden bei Kursen und Wettbewerben allerlei gängige Erzeugnisse kreiert. So findet man neben Angeboten für Bekleidung, Sport und Spiel auch Wolldecken, Wandbehänge und Teppiche. Modeschöpferinnen zaubern aus Haslacher Stoffen textile Kunstwerke. Der Vorteil für die Bauern? Sie mußten früher weite Strecken zurücklegen, um irgendwo die Wolle verarbeiten zu lassen. Nun geschieht dies in der Region, die Landwirte verdienen wesentlich mehr als früher. Die Voraussetzung war aber, daß sie gemeinsam einen Weg suchten. Heute sind 85 Schafbauern im Verein tätig. Das Interesse reicht bereits weit über das Mühlviertel hinaus. In Kärnten, in der Steiermark und in Niederösterreich denkt man an ähnliche Modelle.

Eine bemerkenswerte Initiative haben Bauern und Künstler in der Seewinkelgemeinde St. Andrä am Zicksee gestartet. In einer alten, liebevoll restaurierten Mühle bieten sie echte Bio-Produkte aus kontrollierter, organisch-biologischer Landwirtschaft und Kunst aus der Region an. Urlaubsgäste wie Einheimische schätzen diese „Spezialität". Die Produktpalette reicht von Obst über Gemüse, Fruchtsäfte, Liköre, Brot und Getreide bis zu Geschenkpackungen für besondere Anlässe.

Zunehmend erfolgreich entwickeln sich Partnerschaften mit der heimischen Gastronomie. Hier ein Auszug aus der Speisekarte beim „Ittererwirt", der mit dem Gütesiegel „Tiroler Wirtshaus" aufwarten kann. Da gibt es Spanferkel vom Nasnbauer in Itter, Berglamm vom Bröcklbauern in Kirchbichl, Tiroler Vollmilchkalb aus dem Stall Wechselberger in Hopfgarten und Rotwild aus den Kelchsauer Wäldern. So hebt sich der „Ittererwirt" deutlich ab von vielen oft langweiligen Einheitsküchen. Der Dank dafür sind zufriedene Kunden und eine gefüllte Gaststube. Ich kenne ein anderes Tiroler Wirtshaus in einer ungünstigen Lage. Keine Aussicht, die Straße führt direkt am Gastlokal vorbei – und dennoch ist es immer voll. Das Geheimnis? Es gibt regionale Spezialitäten von höchster Qualität, aber gar nicht billig. Oft bin ich durch dieses Tal gefahren und habe beobachtet, daß andere Lokale mit dem üblichen Angebot von Pizza oder Dosengulasch fast leer sind. „Das bekommen wir überall", bemerkte dazu ein Stammgast. „Wenn wir schon in Tirol Urlaub machen, wollen wir auch die gute Tiroler Küche kennenlernen."

Sogar in den Handelsketten sind Spezialitäten zunehmend gefragt. Wer hier vorne dabei sein will, muß jedoch Markennamen mit gleichbleibender Qualität anbieten können. Die Handelsriesen selbst fördern vor allem Bio-Produkte. Der BILLA-Gründer hatte zum Beispiel Packungen mit neuem Kräuterkäse mit seinem Schriftzug versehen. Die Konsumenten reagierten darauf überaus positiv. Sie sind auch bereit, höhere Preise zu bezahlen. Damit rühren wir an ein Problem von höchster Aktualität. Immer wieder höre ich von der Sorge, daß Spezialitäten auf Dauer keine Chance haben, weil sie zu teuer sind und der Kunde doch das billige Angebot vorzieht. Tatsächlich ist es so, daß viele Käufer von natürlicher Tierhaltung, von Bio-Landwirtschaft und Öko-Produkten schwärmen, im Geschäft jedoch nach Massenware – und seien es Eier aus der Käfighaltung – greifen. Die Mehrheit will angeblich billige Nahrungsmittel. Wie es scheint, nimmt trotzdem die Zahl jener Zeitgenossen zu, die die besondere Qualität suchen und auch bereit sind, dafür einen entsprechenden Preis zu bezahlen.

Eine große Sorge bereitet das wachsende Angebot von Imitaten und Ersatzstoffen. Man wirbt mit kalorienreduzierten Nahrungsmitteln und spricht von

„schlanken Produkten". So hat nun der amerikanische Riesenkonzern Procter & Gamble ein künstliches Fett auf den Markt geworfen: „Olestra" statt Butter oder Öl! Durch Tricks ist es den Chemikern gelungen, die Zusammensetzung so zu ändern, daß der Körper keine Kalorien aufnimmt. Der Slogan lautet: „Olestra – Genuß ohne Reue!" Von möglichen gesundheitlichen Schädigungen war bisher kaum die Rede. Hier stellt sich eine sehr ernste Frage: Ist die Zulassung des Fettersatzstoffes „Olestra" durch die amerikanische Lebensmittelbehörde der Beginn einer Revolution auf dem Ernährungssektor?

Ich glaube, die Entwicklung geht in die andere Richtung. Derartige Eingriffe machen den Menschen erst bewußt, daß unveränderte Naturprodukte offenbar nicht mehr selbstverständlich sind. Noch besitzt Österreich nicht nur eine weitgehend intakte Kulturlandschaft, unser Land kann auch mit einer Fülle von Besonderheiten brillieren. Man denke beispielsweise an Waldviertler Karpfen für den Wiener Weihnachtsmarkt, an Bergkäse von unseren Almen, an das steirische Kernöl, das aus dem schalenlosen Ölkürbis gewonnen wird und heilende Wirkung besitzt. Der gesundheitsbewußte Kunde wird daher Spezialitäten aus der Region mit Herkunftsbezeichnung und Qualitätsgarantie mehr und mehr zu schätzen wissen.

11. Kapitel

Überschaubare Agrarmärkte Region als Qualitätsgarant

Ausgelöst durch die Debatte um die Rinderseuche BSE verhängten Österreich und Deutschland ein zeitlich begrenztes Einfuhrverbot für Rindfleisch aus der Schweiz. Die Eidgenossen reagierten verärgert. Lediglich der Präsident der Vereinigung „Schweizer Bündnerfleisch Produzenten" nahm die Nachricht gelassen zur Kenntnis. Er vertritt alle jene Betriebe, die das Original Bündnerfleisch erzeugen, eine Spezialität aus dem Kanton Graubünden.

Rindfleisch ist der Rohstoff für die Herstellung dieser Spezialität. Durch ein spezielles Trocknungsverfahren erhält das Bündnerfleisch seinen typischen Geschmack. Gegenüber dem „Bündner Tagblatt" erklärte Präsident Weisstanner im März 1996: „Der Export von Bündnerfleisch sollte keine Probleme aufwerfen. Größtenteils verwenden wir Fleisch aus Argentinien und Brasilien, um unser Bündnerfleisch herzustellen."

Eine typische Schweizer Spezialität, hergestellt aus argentinischen und brasilianischen Rindern? Entspricht das den Erwartungen der Konsumenten? Die Schweizer Verbraucher sagten dazu ein klares Nein. Sie fühlten sich vor den Kopf gestoßen. Entsprechend kritisch war das Echo der Presse. In einer freien Marktwirtschaft ist nichts dagegen einzuwenden, wenn Schweizer Unternehmer Rindfleisch aus Argentinien oder Brasilien einkaufen. Aber es ist eine Irreführung der Verbraucher, die Produkte daraus als „regionale Spezialität“ anzubieten. „Regionale Luft“ allein ist zu wenig!

Dieses Beispiel steht für ähnliche Fälle in anderen Bereichen. In Zeiten von Gentechnik, Wachstumsförderern und chemischen Zusatzstoffen werden die Konsumenten immer kritischer. Sie verlangen eine klare und unmißverständliche Kennzeichnung und sie fordern vor allem, daß man sich darauf verlassen kann. Der Überprüfung – von der Haltung über die Fütterung, den Transport und die Schlachtung von Tieren – kommt eine Schlüsselrolle zu. Je kleiner die Einheit, um so leichter und effizienter die Kontrolle. Die überschaubare Region als Qualitätsgarantie!

Warnende Stimmen kommen von vielen Seiten. Die deutsche Fernsehanstalt ARD brachte am 8. Juli 1996 einen Bericht aus einer medizinischen Intensivstation. Ein Arzt äußerte Sorge über die zunehmende Antibiotika-Resistenz.

„Das kann in kritischen Situationen zum Tode führen.“ In der Reportage wurde die Vermutung geäußert, hohe Antibiotikagaben bei der Tiermast könnten eine Ursache sein. Gesicherte Forschungsergebnisse liegen zwar nicht vor, aber die Konsumenten werden mißtrauischer und daher auch vorsichtiger. Sie verfolgen die stürmische Entwicklung mit Unbehagen. Sie wollen vor allem wissen, unter welchen Bedingungen Lebensmittel hergestellt werden und woher sie kommen. Der Ursprung soll nachvollziehbar sein. Schließlich geht es hier um das hohe Gut der Gesundheit.

Nahrungsmittel sollten nicht Magenfüller, sondern Lebens-Mittel sein, die Kraft und Vitalität geben. Produktsicherheit aus der Region wird täglich wichtiger, wie die folgenden Beispiele beweisen:

Mit der Aktion „Tischlein deck' dich" haben oberösterreichische Bio-Bauern ein regionales Party-Service aufgebaut. Produkte vom eigenen Bauernhof werden mit dem Leitmotiv „Gesunder Boden – gesunde Pflanzen – gesunde Tiere – gesunder Mensch" angeboten.

Auf der Suche nach Freilandeiern stieß ich in einem Wiener Supermarkt auf die Banderole „Schilcherland". Im Begleittext heißt es: „Kommen Sie doch, besuchen Sie die Henne, die Ihr Frühstücksei legt". Ich wurde neugierig. Steckt hinter dieser Idee nur ein Werbegag oder handelt es sich um ein seriöses Verkaufskonzept? Vertrauen ist gut – Kontrolle ist besser, dachte ich mir. Ich machte mich auf den Weg, „meine" Henne zu besuchen. Im weststeirischen Hügelland traf ich „glückliche Hühner" mit viel Freiraum und einer gesunden, bodenständigen Fütterung. Die Möglichkeit, sich selbst ein Bild davon zu machen, unter welchen Bedingungen ein Produkt erzeugt wird, halte ich für wichtig.

Von der Hofkäserei Grenzebach im oberbayerischen Pfaffenwinkel erhielt ich ein Schreiben mit folgendem Hinweis: „Wir erzeugen traditionell-handwerklich feine Käsespezialitäten. Jetzt bieten wir Ihnen unsere Erzeugnisse auch einfach und bequem per Post an. Nutzen Sie unseren kostengünstigen Versand-Service: direkt, frisch, preiswert. Und überzeugen Sie sich persönlich von der Qualität unserer Produkte." Mit dem

Programm „Offene Stalltür" bietet Bayern zusätzliche Produktionssicherheit für den Verbraucher.

Ein berühmtes Ausflugsziel für französische Feinschmecker ist Bourgen-Bresse nördlich von Lyon. Dort gibt es das Bresse-Huhn, die Primadonna unter den Haushühnern. Alljährlich wird das schönste und schmackhafteste Huhn der Bresse – ein waldreiches und seenreiches Hügelland zwischen Rhône und Saône – gekürt. Eine Art Mißwahl für regionale Spezialitäten. Der Preis dieser Delikatesse ist entsprechend hoch. Aber die Qualität der Produkte und das Flair der Region wiegen alles auf, behaupten die Kenner.

Bis in die 70er Jahre galt Chianti als einfacher Wein ohne besondere Charakteristika. Heute fehlt der Chianti-Classico, längst salonfähig geworden, in keinem Spitzenrestaurant. Die große Wende kam um 1970. Das Qualitätsbewußtsein stieg. Die veränderte Marktsituation führte zu einem Umdenken und zu einer Änderung der gesetzlichen Vorschriften. Heute verkauft das „Konsortium Chianti-Classico" unter dem Qualitätssymbol des Gallo Nero (Schwarzer Gockel) Spitzenweine zu Spitzenpreisen.

Seit August 1994 müssen sämtliche Schweine, die aus den zehn zugelassenen nord- und mittelitalienischen Gebieten für die Herstellung von Parmaschinken und San-Daniele-Schinken Verwendung finden, durch ein Garantiesiegel gekennzeichnet werden. Die Kontrolle liegt in den Händen eines Konsortiums, das durch ein Staatsgesetz einen öffentlich-rechtlichen Status erhielt. Die Produktionsrichtlinien enthalten neben der Herkunft der Ferkel genaue Bestimmungen über Fütterung und Haltung, Schlachtung, Verarbeitung und Reifung. Man hat damit sichergestellt, daß der Weg vom Erzeuger bis zum Verbraucher lückenlos nachvollziehbar ist. Vor allem aber soll gewährleistet werden, daß für ein italienisches Spitzenprodukt ausschließlich italienische Rohware Verwendung findet.

Parmesan ist noch keine geschützte Marke. Die Qualitätsunterschiede sind beträchtlich. Künftig soll jedoch echter Parma-Käse nur aus der Region Parma stammen und am Gütesiegel für jedermann erkennbar sein. Ein eigens geschaffenes Konsortium wird über folgende Voraussetzungen wachen:

- Der Käse muß aus einer der 900 Käsereien stammen, die in einer genau definierten Zone angesiedelt sind.
- Für die Fütterung der Kühe gibt es strenge Vorschriften.
- Echter Parma-Käse muß mindestens zwei Jahre gelagert werden.
- Eine strenge Kontrolle soll die gleichbleibende Spitzenqualität sicherstellen. Jeder Käselaib trägt den durchgehenden Stempel „Parmigiano Reggiano". Er wird mittels Matrize aufgetragen und ist daher auf jedem kleinen Teilstück, zumindest in Fragmenten, zu erkennen.

Wer will genmanipulierte Nahrungsmittel?

Die Gentechnik weckt Hoffnungen und Ängste. Sie verheißt bisher ungeahnte Möglichkeiten bei der Bekämpfung schwerer Krankheiten und Erbschäden. Nahrungsmittel könnten dank der Manipulation nicht nur billiger, sondern auch weniger anfällig gegen

Schädlinge werden, führt man ins Treffen. Ich habe eine aufgeschlossene Haltung bei der Entwicklung gentechnischer Medikamente, bin aber extrem zurückhaltend, wenn es um die gentechnische Manipulation bei Nahrungsmitteln geht.

Nach einer Umfrage des Fessel-Instituts sind in Österreich 88 Prozent der Befragten gegen die Entwicklung gentechnisch veränderter Lebensmittel. 94 Prozent verlangen eine gesetzliche Kennzeichnungspflicht. Ähnlich kritisch sind die deutschen Verbraucher. 80 Prozent lehnen den Kauf gentechnisch manipulierter Lebensmittel ab. 95 Prozent verlangen die Kennzeichnung. Das ergab eine Umfrage der Gesellschaft für Konsumgüterforschung in Nürnberg im Frühjahr 1995. Wen wundert es daher, daß sich Spitzenköche weigern, mit manipulierter Ware zu kochen. Sie fürchten um den „Haubengeschmack" ihrer Produkte. Im Zuge der Markteinführung der „Gen-Tomate" haben sich in den USA namhafte Köche zusammengeschlossen. Sie sind nicht bereit, in ihren Küchen Gen-Produkte zu verwenden.

Großes Interesse an der Entwicklung der Gen-Technologie haben Wissenschaft und Industrie. Die Anti-Matsch-Tomate wird vom amerikanischen Chemiekonzern Zeneca vertrieben. Die deutsche Hoechst-Schäring-Tochter AgrEvo will in Europa genmanipulierten Raps auf den Markt bringen. Der Basler Agro-Chemie-Konzern Ciba-Geigy investiert in genmanipulierten Mais.

Mit dem Siegeszug der modernen Naturwissenschaft werden unsere Nahrungsmittel immer mehr zum Gegenstand wissenschaftlicher Analysen. Man will herausfinden, welche Anteile für einzelne Lebensmittelqualitäten wie Geschmack, Nährwert oder Haltbarkeit verantwortlich sind. Über die Gentechnik, so scheint es, können Organismen beliebig mit neuen Eigenschaften ausgestattet werden.

Wie aber wirken die Eingriffe auf Mensch und Natur? Bisher wurde vor allem erforscht, wie die Gentechnik auf einzelne Produkte wirkt und nicht, wie sich der Eingriff in komplexen Systemen darstellt. Kritiker weisen darauf hin, daß die ökologischen Langzeitfolgen völlig unbekannt sind. In jüngster Zeit ist auch der Verdacht aufgetaucht, daß diese „neuen" Lebensmittel verstärkt Allergien auslösen.

Trotz vieler Bedenken glaube ich, daß gentechnisch veränderte Lebensmittel in zunehmendem Maße auf den Markt drängen werden – auch in Österreich.

Ein Blick über den Atlantik oder in den Fernen Osten zeigt, daß sich die Gentechnik auf Dauer nicht verhindern läßt. Auch der Druck aus Brüssel wird zunehmen.

Die EU-Kommission rechnet mit einem enormen Wachstum dieses Marktes. Bei zu viel Zurückhaltung gegenüber den neuen Techniken – so wird argumentiert – könnte Europa eine Chance im Kampf gegen das gesellschaftliche Hauptübel der Gegenwart, die Arbeitslosigkeit, verspielen. Der zuständige EU-Kommissar Martin Bangemann sagt es deutlich: „Der Gentechnik gehört die Zukunft, ob uns das gefällt oder nicht. Wenn Europa diese Technologie nicht will, werden Forschung, Entwicklung, Produktion und damit Arbeitsplätze in andere Staaten abwandern. Wir werden bloß Kunden bleiben. Einer solchen Entwicklung werde ich mich auch weiterhin mit ganzer Kraft widersetzen."

In diesem Zusammenhang hört man gelegentlich die Forderung, Österreich sollte sich von Genprodukten freihalten – quasi ein Bio-Land im Herzen Europas bleiben. Ich halte diese Forderung für unrealistisch, weil wir nach der Rechtslage Mehrheitsentscheidungen der Europäischen Union akzeptieren müssen. Österreich kann zwar derzeit noch selbständig über Freiland-Versuche entscheiden. Ist jedoch ein Genprodukt einmal für den Markt genehmigt, gilt es auch für unser Land. Ein Beispiel: In einer Reihe europäischer Staaten (Frankreich, Großbritannien, Schweiz, Belgien, Griechenland und Norwegen) ist das gentechnisch erzeugte Labferment „Maxiren" zugelassen. Der Ersatz dieses Enzympräparates ermöglicht bei Käse eine bessere Kontrolle des Reifungsprozesses und eine Verkürzung der Reifezeit. Der mit „Maxiren" hergestellte Käse kann im europäischen Raum frei verkauft werden, auch in Österreich.

Bleibt die Möglichkeit eines freiwilligen Verzichts. Dieser setzt voraus, daß Bauern, Industrie und Handel an einem Strang ziehen. Die bekannte österreichische Handelsfachzeitschrift „Regal" 6/96 stellte an Industrie und Handel die Frage: „Brauchen wir Gen-Food?" Die Spannweite der Antworten reicht von heftiger Ablehnung bis zu verhaltener Zustimmung. Zitat: „Eine generelle Zusage, keine Lebensmittel mit gentechnisch hergestellten Inhaltsstoffen auf den Markt zu bringen, will Nestlé nicht abgeben."

Wie geht es weiter? Kommt eine klare und eindeutige Kennzeichnung, damit die Konsumenten erkennen können, ob ein Paradeiser nur deswegen frisch aussieht, weil er einen kurzen Weg ins Regal hatte, oder weil ihm Techniker ein neues Gen verpaßt haben?

In meiner Funktion als Präsident der Agrarkommission des Europarates (1987–1992) leitete ich eine Sitzung in Paris. Auf der Tagesordnung stand die Kennzeichnung gentechnisch manipulierter Nahrungsmittel. Die Diskussion wurde außerordentlich heftig geführt. Die Vertreter der Großkonzerne wollten eine spezielle Kennzeichnung unter allen Umständen verhindern. Sie legten Gutachten vor, führten das Argument der Marktverfälschung ins Treffen und hielten gesundheitliche Bedenken für überholt. Letztlich gingen wir ohne Ergebnis auseinander.

Wenn alles so perfekt ist, wie manche vorgeben, warum will man dann eine Kennzeichnung verhindern? Müssen die Fürsprecher befürchten, die Genprodukte könnten bei einer umfassenden Kennzeichnung im Wettbewerb mit „natürlichen Lebensmitteln" nicht bestehen? Oder will man Phantasienamen bäuerlicher Herkunft vortäuschen, aber in Wahrheit etwas ganz anderes verkaufen?

Dazu schreibt Manfred Schuhmayer in „Regal" 3/93: „Nahrung aus dem Reagenzglas ist Betrug am Konsumenten."

Die Diskussion über die Kennzeichnung gentechnisch manipulierter Nahrungsmittel verläuft also unbefriedigend. Ich fürchte, daß es auch in Zukunft so sein wird. Die EU will nur „wesentliche" Änderungen bei Nahrungsmitteln kennzeichnen. Was aber ist wesentlich? Meine Empfehlung geht daher in Richtung einer Doppelstrategie:

Voller Einsatz für eine verpflichtende, leicht erkennbare und klare Kennzeichnung sowie strenge Überprüfung aller gentechnisch veränderten Lebensmittel.

Gleichzeitig Aufbau regionaler Marken auf freiwilliger Basis und Kennzeichnung plus Kontrolle jener Lebensmittel, die unverfälscht auf den Markt kommen. Dazu einige Grundsätze. Der Kunde muß wählen können:

1. Die Herkunft: Handelt es sich um ein österreichisches Produkt oder kommt es von irgendwo? Der kurze Transportweg ist für viele Nahrungsgüter ein wichtiges Qualitätskriterium. Die deutsche Agrarmarketinggesellschaft hat mit dem Slogan „Frisch auf den Tisch" großen Erfolg.

2. Die Art der Erzeugung: Ist es ein Bio-Produkt? Kommt das Nahrungsmittel tatsächlich aus kontrollierter, biologisch betriebener Landwirtschaft?
Auf diesem Gebiet gibt es argen Mißbrauch.

3. Die Behandlung: Ist Bestrahlung oder Gentechnik im Spiel? Wie es scheint, soll manches verschleiert werden.

Die Handelskette „Spar" hat sich als erster Großkonzern mit der Bestfleischgarantie „Herkunft aus Österreich" profiliert. BILLA gibt die Regionalgarantie, LÖWA setzt auf das Birkenhofprogramm mit ausgewählten Rindermästern.

Julius Meinl und weitere Handelsunternehmen werben ebenfalls mit „Fleisch aus Österreich". Der Verband der Brauereien Österreichs beschloß bei seiner Vollversammlung im Juni 1996 einstimmig, freiwillig auf den Einsatz gentechnisch veränderter Organismen oder Rohstoffe zu verzichten. Bier aus Österreich hat höchsten Qualitätsstandard. Es wird seit eh und je nach traditionellen, natürlichen Methoden hergestellt. Dabei soll es auch in Zukunft bleiben.

Alle Beispiele machen deutlich, daß es darum gehen muß, die „regionale Vermarktung“ zu fördern, wie dies kürzlich auch die nordrheinwestfälische Umweltministerin Höhn (Bündnis 90/Die Grünen) verlangt hat. Sie setzt auf Bauern, die umweltschonend wirtschaften, ihre Tiere artgerecht halten und gesunde Nahrungsmittel erzeugen. Noch im Herbst 1996 will sie ein Konzept vorlegen, das die regionale Qualitätsproduktion zum Ziel hat. Über Herkunftssicherung führt sie Gespräche mit den Verbänden der Ernährungswirtschaft und des Einzelhandels. Der Nachweis, woher zum Beispiel Fleisch stammt, dürfe nach Aussagen von Ministerin Höhn nicht beim Schlachthof enden, sondern müsse bis zum Ladentisch reichen.

Über das Programm „Artgerechte Tierhaltung“ sollen Bauern Zuschüsse erhalten, wenn sie bei Investitionen in Stallgebäude bestimmte Vorgaben erfüllen. So sollen anstelle der weitverbreiteten sündteuren Aufstallungen, bei denen die Tiere keine Bewegungsfreiheit haben, Freilaufstallungen Vorrang bekommen und Spaltenböden durch Holzeinbauten mit Stroheinstreu ersetzt werden. Kühe und Schweine fühlen sich nicht nur wohler, sie erbringen auch eine höhere Milch- bzw. Zuwachsleistung.

Welche Chancen hat Österreich? Wir haben in der EU durchgesetzt, daß wir zu den Tomaten auch Paradeiser und zu den Kartoffeln Erdäpfel sagen dürfen. Das allein reicht nicht! Unsere Abgeordneten in Brüssel und unsere Minister haben dafür gekämpft, daß gentechnisch manipulierte Nahrungsgüter deutlich gekennzeichnet werden müssen. Es besteht Hoffnung. Dennoch, die Gefahr ist groß, daß kurzfristige Gewinninteressen überwiegen. Daher ist es notwendig, begleitende Strategien zu entwickeln. Es kommt darauf an, Allianzen zu bilden und die Region stärker ins Spiel zu bringen. Erfolgreiche Unternehmer halten Ausschau nach ihren Stärken und analysieren nicht ständig ihre Nachteile. Es lohnt sich, in den Standortvorteil „Region“ zu investieren. Produktsicherheit aus der Region könnte ein Markenzeichen von morgen werden.

12. Kapitel

Die Natur als Rohstoffquelle

Ich bin kein Freund von Flächenstillegungen. Ich halte diesen Weg für eine Fehlentwicklung. Arbeitsplätze gehen verloren, Klein- und Mittelbetriebe des vor- und nachgelagerten Gewerbes verlieren ihre Wirtschaftsbasis. Landschaft, Fauna und Flora werden eintöniger. Flächenstillegungen führen tendenziell zu einer Verarmung des ländlichen Raumes. Nicht der Ausstieg aus der Fläche ist der Weg, sondern der Einstieg in die nachwachsenden Rohstoffe sollte das Ziel sein. Ich denke zum Beispiel an alle Pflanzen, die man zur Energiegewinnung einsetzen könnte. An die Möglichkeit, Isolierstoffe auf Stärkebasis zu erzeugen. Oder an verrottbares Verpackungsmaterial aus organischen Stoffen.

Nach anfänglichem Zögern ist die Europäische Union dazu übergegangen, auf stillgelegten Ackerflächen den Anbau nachwachsender Rohstoffe für den „Nicht-Nahrungsmittelbereich" zu gestatten. Das ist eine halbherzige Politik. Das Flächenstillegungsprogramm der EU ist eine unsichere Größe. Die Fläche ist wesentlich davon abhängig, wie sich die Markt- und Preissituation bei Getreide entwickelt. Sie kann daher einmal größer oder einmal kleiner sein. Auf dieser unsicheren Basis kann man kein Energie-

und Rohstoffkonzept aufbauen. Heinz Kopetz, international anerkannter Fachmann für nachwachsende Rohstoffe, schlägt daher vor, 4 Prozent der Acker- und Grünlandfläche für ein eigenständiges Rohstoffprogramm zu reservieren. Die Teilnahme an diesem Förderprogramm sollte auf die Stillegungsverpflichtung angerechnet werden.

Das entscheidende Hindernis für eine großtechnische Nutzung nachwachsender Rohstoffe ist der Preis. Erneuerbare Energieträger sind im Vergleich zu petrochemischen Produkten zu teuer. Wirtschaftlich, so wird argumentiert, ist dieser Weg nicht zu verantworten. Er rechnet sich nicht! Aber ist es zu verantworten, daß umweltfreundliche, nachwachsende Rohstoffe nur deshalb nicht zum Zuge kommen, weil man bei den petrochemischen Produkten die Umweltproblematik negiert, die Entsorgung sich selbst überläßt oder die Kosten einfach vergesellschaftet? „Um ein umweltschonendes Wirtschaftssystem aufzubauen, muß endlich Kostenwahrheit bei der Nutzung von Umweltressourcen erreicht werden. Derzeit wird nur ein Teil der tatsächlichen Kosten, die bei der Produktion von Waren anfallen, an die Konsumenten über den Preis weitergereicht. Ein beträchtlicher Teil an Luft- und Wasserverschmutzung, um nur zwei Beispiele zu nennen, wird noch immer sozialisiert, das heißt der Allgemeinheit angelastet", schreibt Erwin Frasl im „Kurier".

„Der Preis muß die Wahrheit sagen", fordert der international anerkannte Zukunftsforscher Ernst Ulrich von Weizsäcker. Sagt der Preis für Erdölprodukte die Wahrheit? Ich glaube nicht! Er „verschweigt" die Kosten der Umweltbelastung. Er „verschweigt" aber auch, daß manches an Umweltschäden mit Geld wahrscheinlich nicht mehr sanierbar ist – eine Erblast, die wir an unsere Kinder weitergeben. Der Versuch, über eine europäische Energiesteuer nachwachsenden Rohstoffen bessere Chancen zu geben, ist zunächst gescheitert. Japan und die Vereinigten Staaten wollten sich der EU-Initiative nicht anschließen. Und die Europäer wollten einen Alleingang nicht wagen. Die Energiesteuer wurde ein Opfer der globalen Standortkonkurrenz.

Das Europäische Parlament warnt vor der Gefahr, daß die Industrie die Marktchancen für erneuerbare Energieträger nicht erkennt. Das Parlament äußert die Sorge, die europäischen Unternehmen könnten ihre führende Position bei der technologischen Nutzung von Sonnenenergie, Windkraft, Wasserkraft, Biomasse und anderen erneuerbaren Primärenergiequellen leichtfertig verspielen. Angesichts der zunehmenden Anstrengungen amerikanischer und japanischer Konkurrenten gehe es daher auch um die Sicherung von Arbeitsplätzen in einer zukunftsträchtigen Branche. Im Bericht des CDU-Abgeordneten Peter Mombauer wird daher ein EU-Programm zur Steigerung des Anteiles erneuerbarer Energien am gesamten Energieverbrauch von derzeit 5,2 Prozent auf 15 Prozent im Jahr 2010 gefordert. Die Gemeinschaft und die Mitgliedstaaten werden aufgefordert, eine glaubwürdige marktwirtschaftliche Förderpolitik zu betreiben. Der Bericht wurde vom Forschungsausschuß des Parlaments einstimmig angenommen.

Österreich hat sich in den letzten Jahren besonders

intensiv mit der Nutzung der Biomasse beschäftigt. Die erste Anlage zur Erzeugung von Bio-Diesel ging bereits 1990 in Betrieb. Fernheizwerke auf Bio-Basis sorgen für umweltfreundliche Energie. Biogasanlagen liefern Strom, verwerten die hauseigene Gülle und organische Abfälle. Sonnenkollektoren ergänzen dieses Programm.

Ein Beispiel für viele: Im nördlichen Waldviertel, an der Grenze zu Tschechien, hat die kleine Gemeinde Kautzen auf Bio-Energie umgestellt. Das Konzept steht auf drei Säulen: Energiesparen, Biomasse und Sonnenenergie. „Wir haben viel Wald, wollten unser Geld in der Region behalten und einen Schritt in Richtung Ökologie setzen", skizziert Bürgermeister Erwin Hornek die Motive.

20 Bauern haben sich zu einer Genossenschaft zusammengeschlossen. Sie versorgen mittlerweile 98 Haushalte und öffentliche Gebäude mit Fernwärme. Das Besondere dabei: Die Bauern sind nicht nur Rohstofflieferanten, sondern Energieversorger!

Seit 1991 fördert die Gemeinde den Einbau von Sonnenkollektoren. Die Kombination Fernwärme und Sonnenenergie wurde gewählt, um die saisonalen Stärken des jeweiligen Energieträgers voll ausschöpfen zu können. Das heißt, die Biomasse zur Deckung des Wärmeenergiebedarfes im Winter, die Solaranlage zur Warmwasserbereitung im Sommer.

Auslöser für die gesamte Umstellung waren die Heizkosten in der Hauptschule. Die Schule wurde mit Strom beheizt. Das kostete in kalten Wintern rund 300.000 Schilling. Über die regionale Fernwärme in

Verbindung mit einer guten Wärmedämmung konnten die Heizkosten halbiert werden. „Das war nicht einfach. Dazu war viel Überzeugungsarbeit notwendig. Denn merkwürdigerweise genießen Öl, Erdgas oder Kohle, die über Tausende Kilometer hergeschafft werden müssen, mehr Vertrauen betreffend Versorgungssicherheit als die Energie, die in den umliegenden Wäldern ständig nachwächst", staunt der Bürgermeister. Das lokale Installateurunternehmen, einst ein Zwei-Mann-Betrieb, kann inzwischen sechs Waldviertlern Arbeit bieten. Die benachbarten Tschechen arbeiten an sechs Energieprojekten nach Kautzener Vorbild. Die Technik dafür kaufen sie in Österreich.

In Neulengbach, im Umland von Wien, hat sich vor Jahren eine bäuerliche Genossenschaft auf Bio-Energie aus Raps und Sonnenblumen spezialisiert. Das Besondere dabei: Die Bauern liefern das Rohprodukt und kaufen den Bio-Diesel. Durch die Einhaltung dieses geschlossenen Produktkreislaufes gibt es keinerlei Absatzprobleme: „Wie sollen wir anderen einreden, sie sollten Bio-Diesel verwenden, wenn wir es selber nicht tun", bemerkte dazu ein Bauer.

Und sein Nachbar fügte hinzu: „Es stärkt das Selbstbewußtsein, etwas zu erzeugen, das man braucht, und nicht ständig als Überschußproduzent abgestempelt zu werden." Mit dem Nebenprodukt Rapsschrot wird die heimische Futterbasis aufgebessert.

Seit Juni 1990 betreiben die Bauern im südsteirischen Mureck eine Öko-Diesel-Anlage. Die Pioniere dieser neuen Form von Kreislaufwirtschaft gingen von folgender Überlegung aus: Energie vom eigenen Feld für die Traktoren und Eiweißfutter aus der eigenen Rapserzeugung für die Tiere. Diese umweltfreundliche Lösung ist gleichzeitig auch ein Beitrag zur Bewältigung der Überschußprobleme.

Besonders stolz sind die Murecker Bauern auf einen Bio-Diesel-Flottentest in der Stadt Graz. „Die ersten Verhandlungen mit Bürgermeister Alfred Stingl waren nicht ganz einfach, aber jetzt gehen wir im Grazer Rathaus ein und aus wie zu Hause", erklärt der Initiator Karl Totter. Die bisherigen Erfahrungen sind äußerst positiv. Selbst der „Pommes-frites-Geruch" konnte durch den Einbau spezieller Filter weggebracht werden. Die technische Überwachung des Flottentests liegt bei der Universität Graz. Die Spezialisten haben festgestellt, daß bei der Umrüstung der Kraftfahrzeuge von Normaldiesel auf Ökodiesel der Austausch der Treibstoffleitungen und der Einspritzpumpendichtungen notwendig ist.

Öko-Diesel kann zwölf Monate lang ohne Qualitätseinbuße gelagert werden. Mit Antifrostzusätzen ist die Wintertauglichkeit bis zu minus 20° C gewährleistet. Das hat ein Test auf der Großglockner-Hochalpenstraße ergeben. Neuerdings fahren auch in der alten Tiroler Silberstadt Schwaz die Citybusse mit Bio-Diesel – zur Freude der umweltbewußten Gemeindebürger.

Ein weiterer Erfolg der Murecker ist die Umwandlung von Altspeiseöl zu hochwertigem Öko-Diesel. Das Altspeiseöl wird im Haushalt in handlichen Kübeln gesammelt und bei Altstoff- und Problemstoffsammelstellen in spezielle Container entleert. Diese Container stehen auch für Gastronomiebetriebe zur Verfügung. Die Verwertung von Altspeiseöl und Altfett zu Öko-Diesel läuft schon in 118 Gemeinden, 56

Gasthäusern und 27 Schulen bzw. Kasernen. Bisher wurden über 400 Tonnen Altspeiseöl gesammelt und daraus 340.000 Liter Öko-Diesel erzeugt. Von diesen Zahlen waren die Vertreter des Abfallwirtschaftsverbandes Pongau im Bundesland Salzburg derart beeindruckt, daß nun auch dort 15 Gemeinden ihr Altspeiseöl zu Bio-Diesel umwandeln lassen.

Die Murecker Bauern können stolz sein auf ihre Bilanz. Sie haben aber auch Forderungen. Sie verlangen eine gesetzliche Regelung zur obligatorischen Verwendung von biologisch abbaubaren Schmier- und Treibstoffen in sensiblen Bereichen wie Stadtverkehr, Schotterabbau oder Wasserschutzgebieten, bessere Rahmenbedingungen für den Rapsanbau, damit eine ökologische Bewirtschaftung für die Zukunft gewährleistet ist, faire Wettbewerbsbedingungen bei den Ausschreibungen, damit sich die Länder durch nationale Stützungen des Ökodieselpreises nicht gegenseitig unterbieten.

Im oberösterreichischen Innviertel bewirtschaftet Johann Leitner einen Ackerbaubetrieb mit Geflügelzucht und Schweinemast. Der Betrieb liegt in der Nähe einer Wohnsiedlung. Immer wieder gab es Probleme mit der Geruchsbelästigung bei der Ausbringung von Gülle. Das war der Anlaß, den wirtschaftseigenen Dünger in einer Biogasanlage zu verwerten. Heute wird auch Gülle von Nachbarn verarbeitet.

Die Biogasanlage arbeitet nach dem Zweikammersystem. Sie ist so angelegt, daß für die Umwälzung keine Fremdenergie benötigt wird. Das dabei gewonnene Biogas entsteht durch Gärung unter vollkommenem Luftabschluß.

Mit dem Biogas wird ein Motor betrieben. Damit werden jährlich 140.000 Kilowattstunden Strom erzeugt. Zur Hälfte wird der Strom im Betrieb verwendet, die andere Hälfte wird an das Netz geliefert. Die Abwärme des Motors wird mittels eines Wärmeaustauschers zur Warmwasserversorgung genützt. Die verbleibende Restgülle ist ein schadstoffarmer, geruchsfreier Volldünger. Probleme mit den Nachbarn gibt es nicht mehr. In Österreich waren 1995 über 40 Biogasanlagen in landwirtschaftlichen Betrieben im Einsatz.

Viele Jahre legten Forschung und Entwicklung ihren ganzen Ehrgeiz in die Entwicklung von Produkten „aus der Retorte“. Jetzt scheint sich langsam eine – auch aus ökonomischer Sicht chancenreiche – Gegenbewegung anzubahnen.

Rohstoffe aus der Natur finden auch in der Industrie zunehmend Verwendung. „Die Materialien müssen gut verarbeitbar, von konstanter Qualität und natürlich auch preiswert sein“, verlangt Mercedes für seine Autos. Daß nachwachsende Rohstoffe diese Bedingungen erfüllen können und neben ihren ökologischen Trümpfen auch handfeste technische Vorteile haben, zeigen die Türinnenverkleidungen, die seit Dezember 1994 in der Mercedes-C-Klasse Verwendung finden. Die neuen Bauteile aus Flachs-Sisal-Matten werden mit Epoxidharz umhüllt und sind rund 20 Prozent leichter als die ursprünglichen Verkleidungen. Darüber hinaus weisen sie eine erhöhte Crash-Sicherheit auf. Bei einem Aufprall zerbersten sie nicht in kleine Splitter. Als Füllstoffe haben sich Naturfasern bewährt.

Bereits seit Jahren auf dem Markt sind Bio-Schmierstoffe. Die Verwendungsmöglichkeiten reichen von Kettensägen über Schneidöle in der Holzindustrie bis zur Nutzung als Weichenschmieröl bei der Bahn. Als offizieller Ausstatter der Olympischen Winterspiele in Lillehammer holte sich die österreichische Firma Biopac für ihr kompostierbares Einweggeschirr den entscheidenden Schwung für den Markt.

Nachwachsende Rohstoffe sind zwar noch etwas teurer, sie haben andererseits aber viele Vorteile. Sie schonen die Umwelt. Es entsteht weniger Müll. Die regionale Wertschöpfung wird verbessert. Nachwachsende Rohstoffe leisten einen Beitrag zur Stabilisierung ländlicher Räume. Für die Landwirtschaft ergeben sich zusätzliche Möglichkeiten. Die Bauern wollen etwas unternehmen und nicht ständig aufgefordert werden, etwas zu unterlassen. Sie sehen in den nachwachsenden Rohstoffen eine Chance. Auf Sicht sollte man trachten, so wie eine gemeinsame Obstpresse im Dorf auch eine gemeinsame Rapspresse für den Energiebedarf zu schaffen. Raps- oder Sonnenblumenöl „ohne Umweg" und ohne weitere Verarbeitung als Treibstoff direkt zu verwenden wäre eine faszinierende Perspektive.

Bereits im September 1988 hat der Europarat zu diesem Thema in München ein internationales Symposium veranstaltet. Einer der Teilnehmer war der Konstrukteur und Erfinder Ludwig Elsbett, der bei dieser Gelegenheit seinen Bio-Motor vorstellte. Im Hof des Maximilianeums war eine kleine, etwa rucksackgroße Ölmühle aufgestellt. Jeder Teilnehmer konnte einen Test machen. Das Öl wurde gepreßt und direkt in den bereitgestellten Traktor bzw. PKW gefüllt.

Dann wurde gestartet. Bei der anschließenden Probefahrt war keinerlei Unterschied zu herkömmlichen Motoren festzustellen. Die Teilnehmer waren begeistert. Stolz und voller Hoffnung erzählte Elsbett vom großen Interesse an seiner Erfindung. Er träumte von einer großtechnischen Umsetzung. Seither sind acht Jahre vergangen. Aber man soll die Hoffnung nicht aufgeben ...

Damit Rohstoffe aus der Natur eine Chance haben, ist es notwendig, in allen Bereichen Verbündete zu suchen. Vor allem der Jugend müßte dieses Zukunftsthema ein Anliegen sein. Ich bin davon überzeugt, daß die prophetischen Worte von Henry Ford Wirklichkeit werden, wenn er meint (1935): „Ich sehe die Zeit voraus, in der die Industrie nicht mehr die Wälder abholzen wird, die zum Wachsen die Zeit von Generationen brauchen, nicht mehr die Produkte des Bergbaues abbauen wird, die sich in Jahrtausenden bildeten, sondern ihre Rohstoffe zum großen Teil aus dem jährlichen Ertrag der Felder beziehen wird."

13. Kapitel

Umwelt kann man nicht auf dem Weltmarkt kaufen

Das Aussehen und die Lebensqualität des ländlichen Raumes hängt ursächlich mit der Arbeit der Bauern zusammen. Diese Arbeit haben die Bauern durch die Jahrhunderte erledigt, ohne daß sie besonders beachtet oder gar gesondert honoriert wurde. Wichtig war die Nahrungsmittelversorgung. Niemand sprach von Landschaftspflege oder Umweltgestaltung. Eine nachhaltige Wirtschaftsweise war selbstverständlich. Nur wer auf den Kreislauf der Natur achtete, konnte auch mit guten Ernten rechnen. Die Möglichkeiten, mit großen Maschinen oder dem Einsatz von Chemie nachzuhelfen, waren begrenzt. Das änderte sich mit dem Fortschritt von Wissenschaft und Technik. Plötzlich war es möglich, mit leistungsfähigen Maschinen, hohen Düngegaben oder einer intensiven Fütterung ein Maximum aus Tier und Boden herauszuholen. Der Kreislauf der Natur war dabei weniger wichtig. Was zählte, war der Ertrag.

Diese Entwicklung wurde von der Bevölkerung zunächst kaum beachtet. Man ging davon aus, daß die Bauern ihre Arbeit ohnehin so wie bisher erledigen werden.

Auch die Politik zeigte wenig Verständnis. Ein Schreiben der Präsidentenkonferenz der Landwirtschaftskammern wurde von Vizekanzler Bock noch in den 60er Jahren mit dem Hinweis beantwortet: „Die Landschaftspflege ist eine unbeabsichtigte Nebenleistung der bäuerlichen Tätigkeit und bedarf daher keiner besonderen Abgeltung." Manche meinen, es wäre ohnehin nicht tragisch, würde man die Landschaft „ihrer Entwicklung überlassen".

Das erinnert mich an eine Anekdote: Ein Pfarrer traf einen Bauern bei der Arbeit auf seiner Bergwiese. Er sprach ihn leutselig an und meinte:
„Schön habt Ihr diesen Flecken Erde bewirtschaftet, Ihr und der Herrgott."
„Ja, ja", antwortete der Bauer, „aber Ihr hättet diesen Flecken Erde sehen sollen, als der Herrgott noch allein wirtschaftete."

Manches hat sich in den letzten Jahren geändert. Die Leistungen der Bauern werden zunehmend geschätzt und anerkannt. Gallup befragte im Dezember 1994 die Österreicher: „Welcher Wirtschaftszweig ist der wichtigste?" Einsam an der Spitze stand die Landwirtschaft mit 35 Prozent, gefolgt von der Industrie mit 26 Prozent. Das Gewerbe lag bei 16 Prozent, Handel und Fremdenverkehr bei je 15 Prozent.

„Wir müssen eine ausreichend große Zahl von Landwirten zum Bleiben bewegen. Es gibt keinen anderen Weg, um die Umwelt und eine in Jahrtausenden geschaffene Landschaft zu erhalten", betont die EU-Kommission in ihrem Grundsatzprogramm 1988. Der langjährige Präsident der EU-Kommission, Jacques Delors, sieht in der „Sicherung des ländlichen Raumes eines der lebenswichtigen Themen für die

Zukunft unserer Gesellschaft". Maurice Allais, französischer Nobelpreisträger für Ökonomie, unterstreicht die besondere Stellung der Landwirtschaft, wenn er feststellt: „Die Landwirtschaft ist ein tragendes Element der nationalen Identität, sie ist ein nationales Anliegen. Die Landwirtschaft zu opfern hieße, Frankreich selbst zu opfern."

Trotz solcher ermunternder Worte befindet sich der Bauer in einem Wechselbad der Gefühle. Er weiß nicht so recht, was er von der Entwicklung halten soll. Auf der einen Seite erlebt er Unterstützung. Auf der anderen Seite zweifelt er daran, daß er in der Gesellschaft tatsächlich eine wichtige Rolle spielt. Er ist unsicher geworden. In der öffentlichen Diskussion nimmt die Notwendigkeit einer nachhaltigen Wirtschaftsweise einen breiten Stellenwert ein. Die Bauern könnten also erwarten, daß sie bei einer verantwortungsvollen Nutzung der natürlichen Lebensgrundlagen gewissermaßen im Trend liegen.

Tatsächlich zeigt sich bei internationalen Verhandlungen, daß der Zug trotz aller Erwartungen der Gesellschaft hinsichtlich einer umweltgerechten Produktion in Richtung Liberalisierung geht. Auch die Freihandelsideologie der Europäischen Union nimmt auf unterschiedliche ökologische Strukturen wenig Rücksicht. „Wir sollen wirtschaften wie vor hundert Jahren, aber gleichzeitig mit der ganzen Welt konkurrenzfähig sein", bemerkte dazu bitter ein angehender Hofübernehmer. Über die Medien bekommt der Bauer zu hören, daß er die Gesellschaft über Gebühr finanziell belastet. Er hört von Berechnungen über volkswirtschaftliche Kosten und stellt dabei fest, daß in diesen Berechnungen Aspekte wie Umwelt und ländlicher Raum kaum eine Rolle spielen.

Schließlich bekommt der Bauer den Eindruck, daß von der Landwirtschaft offenbar alle mehr verstehen als er mit seiner Ausbildung und langjährigen Erfahrung. Der Umweltschutz schreibt ihm vor, wie er sein Land zu bewirtschaften hat. Der Tierschutz weiß alles über die Stallhaltung. Die Gelehrten entwickeln großartige Programme, was man tun sollte und machen könnte. Und die Bürokratie deckt ihn ein mit Regeln und Vorschriften. „Mein Hühnerstall ist kein Atomkraftwerk", meinte ein Bauer aus Niederbayern, als ihm die Auflagen der Agrar- und Umweltbürokratie zu bunt wurden. In einem solchen Umfeld bleibt die Freude am Beruf auf der Strecke.

Es ist sicher nicht so, daß die Bauern alles richtig machen. Es gibt überall schwarze Schafe, auch in der Landwirtschaft. Viele sind bei der Düngung zu weit gegangen, manche bei der Verwendung von Pflanzenschutzmitteln. Ich glaube auch nicht, daß sich Klärschlamm auf den Feldern mit dem Anspruch von Naturprodukten in Einklang bringen läßt. Aber wie überall in der Bevölkerung hat auch bei den Bauern ein Umdenken eingesetzt. Die Bauern sind gut beraten, wenn sie sich an die Spitze der Bewegung zum Schutze der natürlichen Lebensgrundlagen stellen. Kommt die Landwirtschaft an den Umweltpranger – dafür gibt es in den Intensivgebieten deutliche Anzeichen – wird Agrarpolitik schwierig werden.

In den 70er Jahren hat man damit begonnen, Prämien für die Umweltleistungen der Bauern zu bezahlen. Ausgangspunkt der Überlegungen war der Umstand, daß moderne Formen der Landbewirtschaftung zwar hohe Erträge bringen können, die Natur dabei aber auf der Strecke bleibt. Wer sich umweltgerecht verhält, sollte eine Prämie bekommen. Dazu kamen Überlegungen zur Sicherung der Berggebiete. Immer deutlicher zeigt sich, daß die Bewirtschaftung der landschaftlich besonders reizvollen Bergregionen auf Dauer nicht gesichert ist. In Tirol beispielsweise hat jeder dritte Hof keine gesicherte Betriebsnachfolge. Das hat eine Umfrage der Landwirtschaftskammer ergeben.

„Der größte zusammenhängende Naturraum Europas droht einerseits als Transitkorridor und Freizeitpark der Städter mißbraucht zu werden. Andererseits ist er gefährdet durch die Abwanderung der Bergbauern", schreibt die Frankfurter Allgemeine Zeitung.

Will man also – und darüber besteht in der Bevölkerung weitgehend Übereinstimmung -, daß die Bergbauern auch in Zukunft Bestand haben, muß man auch ihre Kulturleistung honorieren. Landläufig spricht man davon, daß man den Bauern „helfen" muß. Ich halte diesen Ansatz für falsch.

Öko-Lohn für Öko-Leistung

Jeder Mensch, vor allem der junge Mensch, sucht zunächst nicht Hilfe, er will eine Chance. Er will zeigen, was er kann, und erwartet sich für seine Leistung eine entsprechende Gegenleistung. Nicht anders ist es in der Landwirtschaft. Wer in der Landbewirtschaftung oder in der Tierhaltung im Interesse von Natur und Umwelt auf den Einsatz modernster technischer oder chemischer Methoden verzichtet, erbringt eine ökologische Wertschöpfung. Für diese Öko-Leistung hat er Anspruch auf einen Öko-Lohn. Das Bewußtsein einer erbrachten Leistung ist eine entscheidende Quelle des Selbstwertgefühls. Hilfe hingegen macht abhängig und unsicher.

Das Problem ist die Abgrenzung und die Zuordnung dieser Leistung. Die Steuerzahler sind bereit, eine bäuerliche Landwirtschaft zu unterstützen. Diese Bereitschaft hat allerdings Grenzen und ist zunehmend mit Auflagen und konkreten Vorstellungen verbunden. Viel wird davon abhängen, ob es gelingt, die Umweltleistungen der Bauern „marktfähig" zu machen. Leistung und Gegenleistung müssen für die Bevölkerung klarer ersichtlich sein. Das ist kein einfacher Weg. Aber daran führt kein Weg vorbei. Die Mittel werden knapper, der Verteilungskampf wird härter. Wer gute Argumente hat und diese auch begründen kann, wird sich dabei leichter tun.

Unter dem Motto „Landschaftspflege ist nicht selbstverständlich" hat die Salzburger Landjugend eine Protestflächen-Aktion gestartet. Rund 40 Wiesen an Straßen und häufig benutzten Wanderwegen werden in den nächsten fünf Jahren nicht gemäht. Hinweistafeln sollen den Grund dieser Aktion erläutern. Dazu der Obmann der Landjugend, Martin Fitzthum: „Unter den derzeitigen Bedingungen werden die Bauern die Kulturlandschaft nicht mehr im gewohnten Maß erhalten können ... Wir machen die Öffentlichkeit darauf aufmerksam, daß jeder Einzelne einen Beitrag zur Erhaltung der Landwirtschaft und der Landschaft leisten kann, in dem er beim Lebensmitteleinkauf zum heimischen Produkt greift."

Wichtig erscheint mir, daß die Leistungen der Bauern für die Kulturlandschaft nicht isoliert betrachtet werden. Es geht um mehr als um die Pflege von Wiesen. Es geht um das Leben in den Regionen, um die Besiedlung und um den Kulturraum. Ich halte den Begriff „Landschaftspflege“ ohnehin für zu eng. Man pflegt Blumen und vielleicht auch einen Parkplatz, aber man gestaltet die Kulturlandschaft. Damit ist auch ein schöpferischer Auftrag verbunden. Der Bauer sieht sich als Produzent und wehrt sich dagegen, zum reinen Landschaftsgärtner abgestempelt zu werden. „Wir wollen weder Parkwächter noch ökologische Straßenkehrer sein“, hört man immer wieder. Landwirtschaftsminister Wilhelm Molterer sagt es deutlich: „Es kann nicht Ziel der europäischen Agrarpolitik sein, die agrarische Produktion auf einige wenige Gunstlagen zu konzentrieren und die Bauern in den anderen Teilen Europas zu Landschaftsgärtnern zu reduzieren.“

Der Bauer erwartet sich, daß er die Umweltleistungen in einer sinnvollen Verbindung mit der Produktion von Nahrungsmitteln erbringen kann. Fällt die Nahrungsmittelproduktion als Einkommensstandbein weg, ist damit zu rechnen, daß Landschaftspflege extrem teuer wird.

Beispielgebend ist das „Österreichische Umweltprogramm für eine umweltgerechte, extensive und den natürlichen Lebensraum schützende Landwirtschaft“ (ÖPUL). Die Beteiligung der Bauern übertrifft alle Erwartungen. Eine wachsende Zahl von Gemeinden und Fremdenverkehrsverbänden zahlt in Ergänzung dazu leistungsbezogene Flächenprämien.

Prämien für Viehhaltung – St. Anton geht voran

Die Tourismusgemeinde St. Anton am Arlberg zählt rund 2.300 Einwohner und hat ungefähr 8.000 Gästebetten. Auf Grund der Höhenlage von 1.300 Metern beschränkt sich die Landwirtschaft ausschließlich auf die Viehhaltung. Die Betriebe sind klein. Die Flächen auf Grund von Erbteilung auf viele Parzellen verteilt. Die Bewirtschaftung ist schwierig und zeitraubend. In den letzten 20 Jahren hat sich die Zahl der bäuerlichen Betriebe halbiert. Mit Sorge verfolgte die Gemeinde diese Entwicklung. Man war entschlossen, dagegen etwas zu unternehmen.

„Persönlich bin ich der Auffassung, daß wir die Landwirtschaft in unseren Bergbauerngebieten nur dann auf Dauer erhalten können, wenn der Bauer das Gefühl hat, daß es sich rentiert, Bauer zu sein", bemerkt dazu Bürgermeister Herbert Sprenger. Gemeinderat, Tourismusverband und die Arlberg-Bergbahnen-AG faßten den Beschluß, den Bauern pro Großvieheinheit und Jahr eine Prämie von fünftausend Schilling zu bezahlen. Voraussetzung ist, daß die Tiere überwintert werden und das hierfür notwendige Heu in der Gemeinde gewonnen wird.

Die Zahlungen sollen für die heimischen Bauern Ansporn und Anerkennung sein. Auf keinen Fall will man diese Mittel einem anonymen Landes- oder Bundestopf zufließen lassen. Man will verhindern, „daß der Bauer wieder einmal als subventionierter Almosenempfänger betteln muß und vielleicht nur einen Bruchteil dieser Summe erhält", so der Bürgermeister. Derzeit betreuen rund 40 Betriebe einen Viehbestand von 350 Rindern und über 400 Schafen. Alle Viehhalter sind Nebenerwerbsbauern.

Öko-Prämien in Salzburg und Niederösterreich

Die Festspielstadt Salzburg hat bereits vor Jahren ein Programm zur Sicherung der Landwirtschaft im Stadt-Umland beschlossen. Gezahlt werden Bewirtschaftungsprämien für Steilflächen, Mähprämien für Halbtrockenrasen oder Prämien für die Pflege ökologisch wertvoller Moorwiesen. Diese Prämien sind meist mit Auflagen verbunden. So dürfen beispielsweise Moorwiesen nur einmal gemäht und nicht gedüngt werden. Zur Erhaltung alter, ökologisch wertvoller Streuobstbestände wird der Obstbau gefördert. Es gibt ein Pflegeprogramm zur Erhaltung naturnaher Hecken sowie eine Acker-, Weg- und Bachrandprämie, und darüber hinaus ein Grabenpflegeprogramm zur Erhaltung der jeweils typischen Pflanzensoziologie.

Mit diesen umfangreichen Maßnahmen unterstützt die Stadt Salzburg die Sicherung des bäuerlichen Umlandes und des Erholungsraumes. „Der Umstand, daß die Beiträge für die Landwirtschaft von keiner Seite bislang angezweifelt oder in Frage gestellt werden, unterstreicht die Wertschätzung der Städter für die Arbeit der Bauern", betont Gemeinderat Karl Mayr.

In diesem Zusammenhang möchte ich auf ein besonderes Finanzierungsmodell von Stadt und Land Salzburg zur Sicherung des ländlichen Wegenetzes hinweisen. Bereits 1981 hat der Salzburger Landtag dazu die Schaffung eines Fonds beschlossen. Das Besondere daran ist die Aufbringung der Finanzmittel.

Ausgehend von der Überlegung, daß diese Wege allen zugute kommen, beteiligen sich auch alle an der Finanzierung. Die Erhaltungskosten des gesamten ländlichen Wegenetzes werden auf die Gesamtbevölkerung umgelegt. Die Beitragsleistung der Gemeinden richtet sich nach der Einwohnerzahl und nicht nach der Weglänge. Dadurch hat die Stadtgemeinde Salzburg in den gemeinsamen Topf wesentlich mehr einzubringen – obwohl sie kaum über ein ländliches Wegenetz verfügt – als beispielsweise eine kleine Landgemeinde mit einem ausgedehnten Verkehrsnetz. Mit diesem Modell wird auch dem Grundsatz entsprochen, daß alle Landesbürger ohne Rücksicht auf örtliche Gegebenheiten lebensnotwendige Versorgungseinrichtungen zu gleichen Bedingungen erhalten.

In Niederösterreich hat man 1990 ein spezifisches Modell zur Abgeltung der Landschaftspflege entwickelt. Jede Leistung wird nach einem Punktesystem bewertet. Dabei werden Minus- und Pluspunkte vergeben. Die Abgeltung erfolgt nach der jeweiligen Bilanz der Ökopunkte. Je reichhaltiger beispielsweise eine Fruchtfolge ist, um so ökologisch besser ist es und um so mehr Ökopunkte werden vergeben. Je kleiner die Düngegaben sind, um so risikoloser ist das für die Umwelt und um so besser für die Ökopunkte. Größere Düngegaben bringen Punkteabzüge. Ähnlich ist es mit den Pflanzenschutzmitteln.

Je älter eine Wiese oder Weide ist, um so ökologisch wertvoller ist der Pflanzenbestand und um so mehr Ökopunkte gibt es. Kein Schnitt (Brachflächen) ist keine Leistung und bringt daher auch keine Ökopunkte. 1994 haben rund tausend Betriebe an diesem eigenständigen Landesprogramm teilgenommen. Mit dem EU-Beitritt Österreichs 1995 wurde dieses Programm EU-konform umgestellt.

Flächendeckende Bewirtschaftung und ökosozialer Weg

Angesichts einer zunehmend schwieriger werdenden Finanzlage taucht immer wieder die Konzeption einer Doppelstrategie auf: Freie Entfaltung der Landwirtschaft in den Großbetrieben der Gunstlagen, Naturschutz und Landschaftspflege in den kleinen und mittleren Betrieben und in den Bergregionen. „Die Landwirtschaft auf guten Standorten soll sich auf die Bedürfnisse des Weltmarktes ausrichten dürfen. Dazu gehöre auch die Nutzung der Bio- und Gentechnologie", meinte unmißverständlich der Vizepräsident der Deutschen Landwirtschaftsgesellschaft Philipp von dem Bussche, auf der Grünen Woche in Berlin 1996. Die Folgen dieser Entwicklung sind abzusehen: Intensivflächen auf der einen Seite und „ökologische Parkwächter" andererseits. Jede Trennung in Intensivlandwirtschaft und Erholungslandschaft würde die Kulturlandschaft österreichischer Prägung zerstören. Die Folge wäre eine monotone Produktionslandschaft und eine unproduktive und in vielen Fällen wohl auch unzugängliche „Erholungslandschaft".

Wenn es nur darum geht, möglichst kostengünstig Nahrungsmittel zu erzeugen, ist der industrielle Weg sicher der günstigste. Man sollte sich aber auch über die Folgekosten im klaren sein: Die Fruchtbarkeit des Bodens und die Qualität des Wassers werden durch industrialisierte Formen der Nahrungsmittelproduktion ernstlich bedroht. Monokulturen gefährden die Artenvielfalt. Über die Folgen von Massentierhaltungen gibt es hinreichend Beispiele aus dem Tierschutz, ganz abgesehen von der Qualität dieser Produkte für die Gesundheit der Bevölkerung. Das ist keine Zukunftsperspektive, weder für die Umwelt, noch für die Bauern. Die Landwirtschaft trägt eine Verantwortung für den gesamten Lebensraum. Nur so wird sie das notwendige Verständnis der Bevölkerung finden.

Am 21. Jänner 1987 wurde Josef Riegler in Wien als Bundesminister für Land- und Forstwirtschaft angelobt. Bei seiner Antrittsrede proklamierte er eine Neuorientierung der Agrarpolitik über den sogenannten ökosozialen Weg. Darunter versteht man eine Land- und Forstwirtschaft, die ökonomisch leistungsfähig, ökologisch wertvoll und sozial ausgerichtet ist. In diesem Zusammenhang wird immer wieder die Frage gestellt, ob eine ökologisch orientierte Landwirtschaft in einer Zeit der „offenen Märkte" realistisch ist?

„Der sogenannte Weltmarktpreis ist kein Marktpreis", sagte Sicco Mansholt in einem „Zeit"-Interview 1991. Mansholt war von 1958 bis 1972 für die Geschicke der Landwirtschaftspolitik in der Europäischen Union verantwortlich. Er starb im Juni 1995. In den letzten Jahren seines Lebens hat er sich sparsam, aber doch unüberhörbar zu Wort gemeldet. Dabei scheute er sich nicht zu bekennen, daß er in seiner Agrarkonzeption den Fragen der Ökologie und einer umweltgerechten Produktion zu wenig Beachtung geschenkt hatte. Nach wie vor sind diese Fragen Stiefkinder in der Gemeinschaft. Ich möchte aber anerkennen, daß mit der Agrarreform 1992 erste positive Schritte eingeleitet wurden.

Bei weltweiten Vertragsverhandlungen wie etwa bei der letzten GATT-Runde gab es bisher nur ein Ziel: Abbau der Handelsschranken. Die Ökologie spielte dabei keine Rolle. Ist das der richtige Weg? Industrieflächen kann man vermehren, die Industrieproduktion auslagern. Die Landwirtschaft hingegen hat besondere Bedingungen. Der Boden ist nicht vermehrbar und die Produktion kann nicht beliebig ausgelagert werden. Wenn diese Überlegungen richtig sind, dann ist die Gleichbehandlung in der Welthandelsordnung falsch. Und die Antwort kann im Grunde genommen nur sein: Ökologie und Umwelt müssen einen höheren Stellenwert bekommen. Wer Raubbau betreibt an unser aller Lebensgrundlagen, sollte zumindest in der Handelspolitik zur Verantwortung gezogen werden.

Eine großräumige Arbeitsteilung braucht allgemein anerkannte ökologische Mindeststandards. Ohne Ordnung an den Grenzen bleibt die Natur auf der Strecke. Das Ziel muß der faire Wettbewerb sein und nicht nur der freie Wettbewerb. Bei der kommenden Welthandelskonferenz sollten diese Überlegungen ihren Niederschlag finden. Solange die ökologischen Anforderungen an die Produktion nicht in die internationalen Handelsregeln aufgenommen werden, wird der Bauer zwischen dem Druck der Liberalisierung und dem immer dichter werdenden Netz des Umweltschutzes zerrieben. Die Folgen für die Natur wären fatal, denn: Man kann zwar Hemden importieren, Umwelt kann man auf dem Weltmarkt nicht kaufen. Oder wie das Wuppertal Institut in einer Studie feststellt: „Keine Kultur(landschaft) ohne Agrarkultur."

Vor dem „Forum der Europäischen Landwirtschaft" im Mai 1990 in Innsbruck erläuterte der heutige EU-Kommissar Franz Fischler dazu seine Vorstellungen: „Mittelfristig müssen internationale Übereinkommen angestrebt werden, die verpflichtende Minimalstandards festlegen. Darüber hinaus soll es jedem Land möglich sein, weitergehende und strengere Bedingungen aus Umweltüberlegungen heraus zu erlassen und das dadurch erzielte höhere ökologische Niveau auch entsprechend vor ‚Öko-Dumping' zu schützen." Und Fischler fährt fort: „Wenn die Rahmenbedingungen so gesteckt sind, daß der einen Vorteil hat, der umweltfreundlich wirtschaftet, wird es sehr bald einen Wettbewerb zugunsten der Natur geben."

14. Kapitel

„Holt sie herunter von den Bergen!" Das Problem der Bergbauern

Am 15. Dezember 1961 überreichte der österreichische Botschafter in Brüssel, Ernst Lemberger, den Antrag der Bundesregierung um Aufnahme von Verhandlungen über eine Assoziierung mit der Europäischen Gemeinschaft. Die Landwirtschaft begrüßte diesen Schritt.

Um das österreichische Interesse zu unterstreichen, unternahmen die Präsidenten der Landwirtschaftskammern eine Goodwilltour durch die Gemeinschaft. Ich war Mitglied der Delegation. Höhepunkt der Rundreise war eine Aussprache mit dem Präsidenten der Kommission, Walter Hallstein, und dem für Landwirtschaftsfragen zuständigen Kommissar Sicco Mansholt. Die Bergbauern spielten bei diesem Gespräch eine besondere Rolle. Präsident Josef Wallner schilderte in eindrucksvollen Worten die harte Arbeit der Bergbauern.

Er verwies auf die geringen Möglichkeiten der Mechanisierung und den vergleichsweise niedrigen Lohn für ihren Einsatz. Mansholt wurde unruhig. Plötzlich unterbrach er das Gespräch und meinte: „Das hat doch alles keinen Sinn. Holt sie herunter von den Bergen. Wir machen in der Ebene alles besser und billiger." Betretenes Schweigen. Der Holländer Mansholt hatte offenbar wenig Gefühl für die kulturellen Leistungen der Bergbauern und ihre Bedeutung für die Sicherung des Siedlungsraumes. Heute genießen die Bergbauern eine hohe Wertschätzung bei der Bevölkerung. Diese Wertschätzung geht aber nicht konform mit den notwendigen Maßnahmen zur Sicherung ihrer Existenz. Man spricht in diesem Zusammenhang von den notwendigen Rahmenbedingungen.

Ich möchte einen anderen Ansatz wählen und zunächst aufzeigen, was die Bergbauern selbst tun können, um ihre Lage dauerhaft zu verbessern:

Wichtig ist, daß sich ihre Produkte von der Massenware abheben. Mit regionalen Spezialitäten können die Bergbauern durchaus konkurrieren. Auch auf dem internationalen Markt. Dieser Weg wird für den Einzelnen schwierig sein. Gemeinsame Aktionen führen dabei eher zum Erfolg.

Alle Überlegungen, ein zusätzliches Standbein über einen Nebenerwerb aufzubauen, gelten in besonderer Weise auch für die Bergbauern. Die Palette reicht von den Möglichkeiten im Tourismus über die Veredelung der eigenen Produkte bis zu einem außerlandwirtschaftlichen Nebenerwerb.

Für die Qualität des Arbeitsplatzes ist die Berufsausbildung entscheidend. Laut Mitteilung des „Arbeitsmarktservice Österreich" haben etwa die Hälfte der Arbeitslosen lediglich einen Pflichtschulabschluß. In unserer arbeitsteiligen Welt wird die Konkurrenz immer größer. Ausbildung, Fachkenntnisse und Qualifikation sind auf lange Sicht der entscheidende Konkurrenzvorteil. Alles andere kann man kaufen, leihen, leasen oder kopieren. Die Entscheidung, rechtzeitig eine zweite qualifizierte Berufslaufbahn aufzubauen und sich nicht mit Hilfsarbeitsdiensten abzufinden, muß jeder Bauer selbst treffen.

Die Mechanisierung ist in den Berggebieten schwierig und vor allem teuer. Meist handelt es sich um Spezialentwicklungen mit relativ kleinen Einheiten. Diese Maschinen und Geräte sind für die Bewirtschaftung aber unerläßlich. Um die Kosten einigermaßen in den Griff zu bekommen, müssen sich auch die Bergbauern bemühen, die Zusammenarbeit über Maschinenringe und Nachbarschaftsgemeinschaften zu nutzen.

Im Oberwallis in der Schweiz hat man unter dem Namen LaNaTour ein interessantes Pilotprojekt für die Berggebiete in Angriff genommen. Das Besondere an dieser Initiative ist, daß man nicht um teures Geld Marketing-Unternehmen beauftragt, sondern die Menschen anregt, selbst über ihre Zukunftschancen nachzudenken, neue Ideen zu entwickeln und sie dann gemeinsam umzusetzen.

Der Schwerpunkt liegt in der Kooperation zwischen der Landwirtschaft, dem regionalen Lebensmittelhandel, der heimischen Gastronomie und dem Handwerk. Zunächst hat man sich die Entwicklung von Markenprodukten wie Bio-Käse, Trockenfleisch, Bio-Brot, Tee, aber auch LaNaTour-Möbeln zum Ziel gesetzt. Auf Testmärkten soll geprüft werden, wie die Produkte beim Konsumenten ankommen.

Um die neuen Erzeugnisse bekannt zu machen, bedient man sich einer ganzen Reihe von Mitteln. Angefangen von LaNaTour-Speisekarten für die Gastronomie über Kochfestivals oder spezielle Märkte in den größeren Orten. Noch steht das Projekt in der Entwicklungsphase. Die Beteiligten müssen vor allem die grundlegenden Spielregeln auf dem Markt lernen. Was die Bauern aus ihrem Beruf gut wissen, müssen sie nun im Marktbereich anwenden – nämlich, daß man zuerst säen, also etwas investieren muß, bevor man ernten kann. Auch eine vermehrte Bereitschaft zum Risiko ist notwendig, berichtet Josef Willi über dieses Projekt.

Was kann die Gesellschaft für die Bergbauern tun?
Aus meiner Erfahrung ist die Entlastung von den Kosten der Infrastruktur eine unabdingbare Voraussetzung für die Sicherung der Berggebiete. Ich kenne eine Vielzahl von Bergbauern, die einen erheblichen Teil ihres Einkommens nur für die Erhaltung des Wegenetzes wie Hofzufahrt, Almwege oder Forstwege aufwenden. Die Infrastruktur wird im Zeitalter der Informationsgesellschaft eine noch viel größere Bedeutung erlangen.

Die Leistungen der Landwirtschaft zur Sicherung der Kulturlandschaft müssen in den Berggebieten besonders abgegolten werden. Sie sind ein wichtiger Bestandteil für das Einkommen der Bergbauern.

Man sollte die Bergbauern, die ohnehin nur einen sehr bescheidenen Produktionsspielraum haben, auch von Kontingentregelungen ausnehmen. Ich verweise auf das Beispiel der Almwirtschaft. Dort hat man bis zum EU-Beitritt die Almmilch nicht auf das Kontingent angerechnet. Das war die beste Almförderung seit langem. Viele Almen wurden plötzlich wieder genutzt und bewirtschaftet.

Um die gemeinsame Nutzung teurer Spezialgeräte

für die Berggebiete finanziell einigermaßen erträglich zu machen, sollten Gemeinschaftseinrichtungen besonders gefördert werden.

Schließlich sollten die Bergbauern trachten, ihre Anliegen über eine „Allianz der Alpenländer" gemeinsam zu vertreten. Alles in allem wird nur ein Leistungsmix dazu beitragen, den Bestand der Bergbauern auch in Zukunft zu sichern.

Einen bedeutenden Vorstoß zur Sicherung der Berggebiete unternahm der österreichische Landwirtschaftsminister Wilhelm Molterer im Juli 1996 vor dem Agrarministerrat in Brüssel. In einem Memorandum weist er zunächst auf den Umstand hin, daß Österreich das Land mit dem höchsten Anteil an Berggebieten innerhalb der Europäischen Union ist. Er betont, daß die „gegenwärtigen Agrar- und Strukturpolitiken keine ausreichenden Lösungen für die Probleme der Bergregionen bieten können". Deshalb schlägt der Landwirtschaftsminister eine Reihe kurz- und mittelfristiger Maßnahmen vor. Er verlangt zusätzlichen regionalen Spielraum bei der Abgeltung der Kulturleistungen der Bergbauern und betont die Notwendigkeit einer regionalen Gesamtentwicklung. Da die Bauern in den Berggebieten überwiegend Nebenerwerbsbauern sind, verlangt er die Gleichstellung der Nebenerwerbslandwirtschaft mit den Vollerwerbsbetrieben bei der Investitionsförderung. Das Einkommen aus dem Bergwald soll durch eine verstärkte Nutzung der Biomasse verbessert werden. Molterer fordert die EU-Kommission auf, möglichst bald Vorschläge für ein „gesamtheitliches Aktionsprogramm für die Berggebiete" vorzulegen.

15. Kapitel

Telekommunikation und ländlicher Raum
Datentransfer statt Pendlerverkehr

Seit Jahrzehnten beschäftigt mich die Frage: Wie könnte es gelingen, die Vorteile des ländlichen Raumes mit den Beschäftigungsmöglichkeiten der Stadt zu kombinieren? Heute bin ich davon überzeugt, daß es einen Weg gibt. Eine neue Technologie, die Telekommunikation, hilft uns dabei. Lassen Sie mich das an einem Beispiel erläutern:

Henning Albrechtsen hatte eine stille Sehnsucht. Er wollte auf dem Land leben, dort wohnen, arbeiten und die Natur genießen. Beruflich war das nicht in Übereinstimmung zu bringen. Henning Albrechtsen war Dolmetsch. Er arbeitete vorwiegend bei internationalen Organisationen und mußte seine Zeit zwischen New York, Paris und London teilen. Im Zuge seiner Übersetzungstätigkeit stieß er auf Alvin Toffler's „Zukunftschance". Der Autor beschreibt darin das elektronische Heim der Zukunft und zeichnet das Bild einer neuen Arbeitswelt. Das Thema ließ ihn nicht mehr los. Bei einem Kongreß in Dänemark traf er Gleichgesinnte. Fachleute von Rang entwickelten großartige Zukunftsmodelle. Aber die Begeisterung, Modelle in der Praxis zu erproben, hielt sich in Grenzen. Nur Henning Albrechtsen wagte den Versuch. Jahre später traf ich ihn in seinem Heimatort in Vemdalen, Schweden. Fröhlich empfing er mich in seinem Garten: „Endlich habe ich die ideale Kombination gefunden: Ich lebe auf dem Lande und arbeite via Bildschirm in der Stadt."

Möglicherweise zum erstenmal seit Beginn der industriellen Revolution hat der ländliche Raum gegenüber den Ballungszentren eine gleichwertige Chance, vom technologischen Wandel zu profitieren. Nach einer langen Epoche der Zentralisierung zeichnet sich ein neuer Weg ab: leistungsfähige, dezentrale Strukturen. Dem Land eröffnen sich damit neue Möglichkeiten. Und die Städte hätten dank einer besseren Arbeits(auf)teilung weniger unter Verkehrs- und Umweltproblemen zu leiden.

Die Idee klingt faszinierend. Nicht der Mensch soll wandern, sondern Daten, Zahlen, Bild und Ton werden elektronisch auf die Reise geschickt. Wenn es gelingt, Informationen aus irgendeinem Winkel der Welt zu irgendeinem Thema an irgendeinen beliebigen Ort zu holen, dann ist es auch möglich, Arbeit, die bisher in Zentralstellen erledigt wurde, in den ländlichen Raum zu verlagern. Natürlich nicht jede Arbeit. Aber es gibt viele Tätigkeiten, die mit Informationen und Informationsverarbeitung zu tun haben. Die Vorteile liegen auf der Hand: Weniger pendeln, mehr Freizeit, flexiblere Arbeitszeiten, höhere Arbeitszufriedenheit und eine Stärkung der Wirtschaftskraft in der Region.

Das ist die eine Seite der Medaille. Es gibt auch viel Skepsis. Manche Zeitgenossen wollen mit dieser neuen Art von Technik grundsätzlich nichts zu tun haben. „Das ist nur etwas für die ganz Großen, nichts für mich und schon gar nicht für den ländlichen

Raum", hört man immer wieder. Gewisse Leute können sich nicht vorstellen, daß Mitarbeiter auch dann gute Arbeit leisten, wenn sie nicht ständig überwacht werden. Gewerkschaften fürchten um ihre Einflußsphäre, Vorgesetzte sehen ihren „Machtbereich" schwinden. Unternehmen haben Sorge, daß Datennetze nicht sicher genug sind. Mancher glaubt, der ländliche Raum würde seine Ursprünglichkeit verlieren, wenn diese Technik auf dem Lande Einzug hält.

Telehaus: Drehscheibe für regionale Impulse

Wir wollten die Probe aufs Exempel machen und starteten Anfang der 90er Jahre mehrere Pilotprojekte. Wir, das ist die Arbeitsgemeinschaft Ländlicher Raum, ein eigenständiger Verein, der sich seit 1972 mit Modellen zur Zukunft des ländlichen Raumes beschäftigt. Für die Pilotprojekte standen verschiedene Möglichkeiten zur Wahl: Heimarbeit über Computer, Lernen am Bildschirm oder eine Art Gemeinschaftsbüro im Dorf, vernetzt mit elektronischen Geräten. Wir wählten die Gemeinschaftsvariante, weil es über diesen Weg möglich ist, teure Geräte kostengünstig zu nutzen. Außerdem wollten wir die Begegnung der Menschen fördern und isolierte Heimarbeit verhindern. In Skandinavien gab es bereits das „Telecottage", eine Art „elektronischer Marktplatz" im Dorf. Etwas Ähnliches wollten wir in Österreich machen. Wir nannten es „Telehaus". Es soll informieren, beraten, begleitende Arbeiten erledigen, regionale Initiativen unterstützen, dezentrale Lernstrukturen aufbauen und neue Beschäftigungsmöglichkeiten über Telearbeit eröffnen.

Zunächst gab es große Begeisterung. Bald regte sich jedoch Widerstand. Wir hatten verabsäumt, die Meinungsbildner der Region rechtzeitig mit der Planung vertraut zu machen und in das Projekt einzubinden. Erst als wir in der Lage waren, an konkreten Beispielen zu zeigen, wie man schneller, besser oder billiger arbeiten kann, stellte sich der Erfolg ein. Unterschätzt hatten wir auch die Schlüsselrolle des Geschäftsführers. Der Leiter eines Telehauses soll nicht in erster Linie Techniker sein. Viel wichtiger ist seine Rolle als Animator, Manager und Kommunikator.

Trotz erheblicher Anfangsschwierigkeiten konnten wir beachtliche Erfolge erzielen – vor allem in der Ausbildung. Die Kursteilnehmer kamen aus unterschiedlichen Motiven: Berufs-Pendler waren froh, daß sie am Abend nicht wieder als Bildungs-Pendler das Dorf verlassen mußten. Über das Telehaus hatten sie eine Gelegenheit, „zu Hause“ mit dem Computer vertraut zu werden. Frauen mit kleineren Kindern sahen eine Möglichkeit, ihre Chancen für den beruflichen Wiedereinstieg zu verbessern. Nebenerwerbsbauern wollten sich eine Basis schaffen für einen Zusatzverdienst in Hofnähe. Manche Kursteilnehmer kamen nur deshalb, damit sie mit den Grundbegriffen vertraut werden und „mitreden können“.

Heimische Klein- und Mittelbetriebe schätzten unsere Beratungstätigkeit. Ebenso waren Abrechnungen, Textverarbeitung, Planungen oder Übersetzungen begehrte Dienste. Mit der Installation eines Frühwarnsystems zur Erkennung von Schädlingen und Pflanzenkrankheiten konnten wir den Bauern ein Spezialservice bieten. Gefragt waren auch elektronische Vermittlungsdienste. Sie reichten von gebrauchten Musikinstrumenten über eine „Holz-Börse" bis zum Verkauf regionaler Spezialitäten.

Einen „Bauernmarkt der anderen Art" über Internet entwickelte das Telehaus Edelhof in Zwettl in Zusammenarbeit mit der Universität für Bodenkultur in Wien. Regionale Spezialitäten leben davon, daß sie etwas Besonderes sind. Dieses „Besondere" muß man dem Kunden gegenüber deutlich machen. Das geschieht etwa durch aufwendige Werbeprojekte, die über die Post zugestellt werden. Dem Kunden ist diese Papierflut schon längst lästig. Sie landet daher meist unbeachtet im Abfallkorb.

Eine völlig neue Form der Warenpräsentation bietet das Internet. Über Internet kann man nicht nur schnell und aktuell informieren, sondern man kann gleichzeitig eine Region vorstellen oder Spezielles über die Herkunft eines Produktes zeigen. Der Marktplatz kommt damit praktisch ins Haus. Man wird einwenden, daß das Informationsangebot gerade im Internet gigantisch ist. Das stimmt. Aber als Kunde werde ich damit nicht überschüttet, sondern kann mir jene Information holen, für die ein besonderes Interesse besteht. Im übrigen sind Internet-Nutzer eine interessante Zielgruppe. Sie sind durchschnittlich jünger, besser ausgebildet und verfügen über ein höheres Einkommen. Da die Kosten dieser Technologie durchaus erschwinglich sind und in den nächsten Jahren rapide fallen werden, könnte Internet-Marketing auch für regionale Kleinanbieter interessant sein.

Telearbeitsplätze gefragt

Trotz einsichtiger Gründe und vielversprechender Prognosen entwickelt sich die Telearbeit in Österreich schleppend. Die Nachfrage ist groß, aber die Bereitschaft von Unternehmen und Behörden, neue Wege zu gehen, gering. Keine Erfahrung, zu kompliziert und zu teuer – das sind die häufigsten Gründe für eine Ablehnung.

Nach schwierigen Verhandlungen hat die Post einige wenige Telearbeitsplätze eingerichtet. Die Wüstenrot-Versicherung will im Lungau, Land Salzburg, Erfahrung sammeln. „Langfristig könnte jeder zweite Innendienst-Mitarbeiter zu Hause werken", so die Firmenleitung. Die Kapsch-AG mit über 1.400 Mitarbeitern entscheidet nach einem Testlauf in Wien und Niederösterreich, in welcher Form und in welchen Abteilungen künftig Telearbeit eingeführt werden soll. Schön reden ist nicht genug, sagte man sich in der Kolping-Zentrale in Wien und setzte einen ersten Schritt. Buchhalterin Susanne Fuchs, verheiratet, zwei Kinder, ist im südlichen Burgenland zu Hause. In ihrer Gegend findet sie keinen Arbeitsplatz. Um pünktlich in Wien zu sein, mußte sie schon um 5.30 Uhr zum Pendlerbus. Für sie wurde ein Tele-Arbeitsplatz geschaffen. Kostenpunkt etwa 40.000 Schilling. Frau Fuchs kann nun – so die Übereinkunft – drei Tage pro Woche daheim arbeiten. Zwei Tage ist sie weiterhin in der Zentrale in Wien tätig. Das Beratungsunternehmen Kreutzer, Fischer & Partner schätzt, daß es in Österreich etwa 250.000 Telearbeiter geben könnte.

Die Gemeinde Wien hat am Stadtrand Tele-Zentren

eingerichtet. Sie will damit verkehrsentlastend wirken und Modelle für ein „Büro von morgen" bieten. Interessant ist die Begründung von Planungsstadtrat H. Swoboda: „Nur durch Tele-Zentren bzw. durch öffentlich betreute Terminals kann die drohende Stadtflucht verhindert werden, die der Technologievisionär McLuhan schon in den 60er Jahren als unabdingbares Resultat des Tele-Workings prognostiziert hat." Umgekehrt befürchten weitschauende Zeitgenossen, daß die rasanten Fortschritte der Telekommunikation vornehmlich den städtischen Agglomerationen zugute kommen und das Land zum Hinterland wird.

Es gibt eine Vielzahl ausländischer Beispiele, die zeigen, daß sich Telearbeit im ländlichen Raum bewährt. Einige davon möchte ich anführen: Unter der Rufnummer 111 erhalten Telefonbenutzer in der Schweiz Adressen, Telefon- und Faxnummern, aber auch andere Auskünfte. Dieser Dienst wurde früher nur von großen Städten aus abgewickelt. Nach eingehenden Beratungen entschied sich die Schweizer Post zur Dezentralisierung. Im November 1990 wurde der Auskunftsdienst im kleinen Bergdorf Schiers im Kanton Graubünden eröffnet. 30 Mitarbeiter finden dort eine interessante Beschäftigung.

Nachahmenswert ist eine Initiative der bayerischen Staatsregierung. Die Zentrale Bußgeldstelle wurde von München in den kleinen Ort Viechtach ausgelagert. Die Telekommunikation machte es möglich. 156 Mitarbeiter haben nun in einer ländlichen Region ihren Arbeitsplatz und ersparen sich lange Fahrten und teure Parkplätze. Ein privater Unternehmer beschäftigt in der bayerischen Gemeinde Küps über 200

Mitarbeiter, vorwiegend auf Teilzeitbasis. Via Bildschirm werden Vermittlungsdienste für Versandhäuser erledigt.

Die Londoner Polizei läßt ihre Strafmandate in schottischen Tele-Zentren bearbeiten. Auf diese Weise sind über 600 neue Arbeitsplätze in einer Region entstanden, in der vorher rund 90 Prozent aller Schulentlassenen abwandern mußten. Das Verkehrsministerium in den Niederlanden hat vor Jahren einen erfolgreichen Modellversuch mit 60 freiwilligen Mitarbeitern aus der gesamten Hierarchie des Ministeriums durchgeführt. „Nur noch zwei Tage pro Woche im Büro" lautete das Motto. Die übrige Zeit arbeitete jeder über Telekommunikation in seiner Heimatregion. In der Zwischenzeit haben sich das Finanz- und das Wirtschaftsministerium dieser Initiative angeschlossen.

Nicht jeder Mitarbeiter ist ein geeigneter Kandidat für Telearbeit. Diese Form erfordert Disziplin und selbständiges Arbeiten. Manche wollen nicht zu Hause arbeiten, selbst wenn sie könnten. Sie suchen die Verbindung mit dem Betrieb, weil sie die Isolation fürchten. Dazu gehört auch die Warnung einer amerikanischen Managerin. Sie hat es mit zwei Kindern und einem ausgeklügelten Tele-Modell bis zur Vizepräsidentin einer großen Werbegesellschaft gebracht. „Jetzt", so meinte sie, „ist meine Laufbahn zu Ende. Karriere erfordert Anwesenheit!"

Die Telekommunikation ist eine Schlüsseltechnologie für den ländlichen Raum. Ich habe es immer als besonders schmerzhaft empfunden, daß junge Menschen aus ländlichen Regionen, die höhere Schulen besuchen oder eine gute Ausbildung absolvieren, in ihrer Heimat meist keine Arbeit finden. Dieser Brain-Drain, diese geistige Entsiedlung, hat dem ländlichen Raum nachhaltig Schaden zugefügt. Über die Telekommunikation wird es möglich sein, daß die geistige Elite des ländlichen Raumes zunehmend in ihrer Heimat Arbeit findet. Damit werden Führungskraft und politischer Einfluß auf das Land zurückkehren. John Naisbitt, Zukunftsdenker von Weltruf, ist dafür ein leuchtendes Beispiel. Er wohnt in den Bergen von Colorado, genießt die angenehme Atmosphäre einer ländlichen Umgebung und ist gleichzeitig mit den Schaltstellen der ganzen Erde elektronisch verbunden.

Aber wir dürfen uns keiner Täuschung hingeben, die Entwicklung läuft nicht automatisch für das Land. Hier ist viel Geld im Spiel. Das muß sich rechnen. Und es rechnet sich vor allem dort, wo viele Menschen leben. Damit die Tele-Idee im ländlichen Raum eine Chance hat, müssen die Rahmenbedingungen stimmen.

Für jedermann ist es einsichtig, daß leistungsfähige „Auto-Straßen" eine wichtige Voraussetzung für die Regionalentwicklung darstellen. Künftig werden „Tele-Straßen" ebenso bedeutsam sein. Es geht nicht an, daß die Ballungsräume mit Daten-Autobahnen verbunden sind, während sich die Menschen auf dem Lande mit „holprigen Güterwegen" abfinden müssen. Die Gefahr ist groß, daß es unter diesen Umständen zu einer Zweiteilung der Gesellschaft kommt: in Telekommunikations-Fähige und in Telekommunikations-Analphabeten. So wie bei der Briefpost, wo unabhängig von der Entfernung einheitliche Tarife verrechnet werden, müssen wir auch in der Telematik distanzneutrale Übertragungskosten erreichen. Erst wenn die Ware „Information“ für alle Interessenten zum gleichen Preis erhältlich ist und zu den gleichen Kosten vertrieben werden kann, haben die dezentralen Strukturen Zukunft. Die Telekommunikation ist kein Wundermittel. Aber sie ist ein wichtiges Hilfsmittel. Sie könnte der Schlüssel sein für einen neuen Aufbruch im ländlichen Raum.

16. Kapitel

Damit das Land Zukunft hat
Der neue Bauernstolz

Lange Zeit schien es, als ob die nach dem Zweiten Weltkrieg einsetzende Landflucht den ländlichen Raum überhaupt entleeren würde. In manchen Zonen Europas, vor allem in den Berggegenden des Südens, ist diese Negativströmung noch spürbar. In herabgekommenen, verödeten Dörfern, in Häusern, die niemand mehr pflegt, leben vornehmlich alte Leute. Die Jugend zog die Ballungszentren vor.

Die jüngste Vergangenheit ist in unseren Breiten von einem gegenteiligen Trend bestimmt. Zahlreiche Menschen zieht es wieder aufs Land. Familien mit Kindern schätzen den Freiraum der Natur. Landbewohner, die Karriere gemacht haben, kehren zu ihren Wurzeln zurück. Künstler suchen die kreative Ruhe des ländlichen Raumes. Naturliebhaber schätzen den gesunden Lebensraum. Unternehmer überlegen, Arbeit auf das Land auszulagern.

Die gängigen Vorstellungen von Stadt und Land sind weitgehend überholt. Lange Zeit glaubte man, der wirtschaftliche und kulturelle Fortschritt sei an die Stadt gebunden und die Konzentration von Wirtschaft und Menschen ein natürlicher, unvermeidlicher Vorgang. Heute zeigt sich, daß die Bevölkerung vieler städtischer Zentren rückläufig ist.

Diese Tendenzen sind allerdings noch kein Garantieschein dafür, daß der ländliche Raum die gewaltigen Herausforderungen im anbrechenden dritten Jahrtausend bewältigen wird. Damit das Land Zukunft hat, gilt es zuallererst, die schlummernden Kräfte und Talente der ländlichen Menschen zu wecken. Sie sind es, die aus Problemen Chancen machen müssen und dies bereits in vielen Bereichen vorzeigen. Aber nicht überall sprudeln heiße Quellen wie in der Thermenregion, nicht überall vermitteln Naturerlebnisse „Lust aufs Land", nicht überall gibt es eine Renaissance des Bau- und Werkstoffes Holz – doch überall liegen Schätze bereit, die man heben kann und heben muß.

„Jeder Mensch ist von Gelegenheiten umgeben. Aber sie existieren erst, wenn man sie erkannt hat. Und man erkennt sie nur, wenn man nach ihnen sucht." (Eduard de Bono)

Durch Jahrhunderte war die Landwirtschaft der bestimmende Teil des ländlichen Raumes. Die Leistungen der Bauern wurden geschätzt und anerkannt. Der Bauer erfüllte wichtige Aufgaben der Ernährungssicherung. Heute dreht sich die agrarpolitische Diskussion vorwiegend um Überschüsse und steigende Finanzlasten. Aus einer bestimmenden Mehrheit wurde eine viel kritisierte Minderheit. Die Ernährungssicherung gilt als selbstverständlich. Die Kulturleistungen werden zwar anerkannt, aber nur zögerlich honoriert. Die Zahlungen an die Landwirtschaft sind immer wieder Gegenstand öffentlicher – und für die Bauern demütigender – Auseinandersetzungen.

Die traditionelle Landwirtschaft war Agrarkultur

im besten Sinne des Wortes. In jahrhundertelanger Kulturarbeit haben Bauern die vielgestaltige Landschaft geschaffen und den Boden „im Einklang mit der Natur" bewirtschaftet. Das alles ist heute in Gefahr. Die moderne Landwirtschaft hat sich zur Agrotechnik entwickelt. Sie tendiert zur Spezialisierung, deren Extreme sich in ausgeräumten Landschaften, Massentierhaltungen und Monokulturen zeigen. Die möglichen Langzeitwirkungen bedrohen unsere natürlichen Lebensgrundlagen. Die sinkende Qualität des Wassers ist ein deutlicher Vorbote dieser Entwicklung.

Mit dem Rückgang der Landwirtschaft änderte sich auch das Bild des Dorfes. Viele betreiben die Landwirtschaft heute nur mehr im Nebenerwerb. Es fehlt die Zeit für wichtige Gemeinschaftsaufgaben, und es fehlt oft auch das notwendige Engagement für notwendige Kulturleistungen. Als erstes spürte die Tourismuswirtschaft die Auswirkungen dieser Entwicklung. „Wir alle wissen, daß es einen klassischen und erfolgreichen Tourismus ohne eine gesunde und starke Landwirtschaft nicht geben kann, weil die bäuerliche Kulturlandschaft das solide Fundament für den Fremdenverkehr österreichischer Prägung ist", sagte bereits vor zehn Jahren der Fremdenverkehrsdirektor von Kitzbühel, Josef Ziepl.

Städter, die an Wochenenden in Scharen auf das Land ziehen, merkten plötzlich, daß irgendetwas vom Charme und von der Atmosphäre des ländlichen Raumes verlorenzugehen droht. Die Dorfwirtshäuser wurden weniger, die Einkaufsmöglichkeiten schlechter. Die Zufahrt im Winter war nicht mehr regelmäßig geräumt und der nächste Arzt oft nur schwer zu erreichen. Oder das ebenso unerfreuliche Gegenteil: überfüllte Touristenzentren ohne Charme und gastliche Wärme, Discos sonder Zahl und „Schürzenjäger-Stau's" statt dörflicher Harmonie. Zerstörung ist eine Frage der Zahl, egal, ob die Masse aus Rucksacktouristen oder Badeurlaubern besteht.

Eine bäuerliche Landwirtschaft gehört zum österreichischen Lebensgefühl. Das sagen zunehmend selbst Menschen, die sonst den Unterschied zwischen einem Ochsen und einer Kuh kaum zu erkennen vermögen. Mit dem Verlust der bäuerlichen Landwirtschaft geht mehr verloren als nur Produktionsleistung. Es geht um ein wertvolles Stück europäischer kultureller Eigenart.

Ein Umdenken setzte ein. Die Landbevölkerung besinnt sich auf traditionelle Werte und baut auf alte Stärken. Die Dorferneuerung ist deutlicher Ausdruck dieser Entwicklung. Die Konsumenten, verunsichert durch sich häufende Lebensmittelskandale, schätzen zunehmend den Wert gesunder Nahrungsmittel. Wasser wird plötzlich zum Lebensmittel Nummer eins und man erinnert sich, daß die Quellen dieses wertvollen Gutes im ländlichen Raum liegen. Soziologen entdecken das Land als wichtigen Stabilisator in der Wechselwirkung zur Stadt. Selbst die Weltbank versucht sich neuerdings in einer Wohlstandsskala, die nicht nur die materielle Wertschöpfung berücksichtigt, sondern dem „Naturkapital" einen besonderen Stellenwert einräumt. Lebensqualität und nicht nur Lebensstandard ist das Ziel.

Der Bauer beobachtet diese Entwicklung mit Mißtrauen. Zu oft hat man ihm gesagt, wohin die Richtung geht. Er ist vielen Wegen gefolgt, und vieles hat sich später als Irrtum herausgestellt. Zuerst die Aufforderung zur maximalen Produktionssteigerung. Von Natur und Umwelt war dabei keine Rede. Dann der Rat, von der vielfältigen Bewirtschaftung auf die Spezialisierung überzugehen. Wer diesem Weg konsequent gefolgt ist, steht heute am Umweltpranger. Die Europäische Union verspricht dem Bauern Sonderzahlungen als Ausgleich für die Preissenkungen bei wichtigen Nahrungsmitteln. Wer aufmerksam die Entwicklung verfolgt, wird feststellen, daß sich die kritischen Stimmen mehren. In einem Gastkommentar schreibt Lothar Späth im High-tech-Report 3/1995: „Ungestraft darf die Europäische Union einen Großteil ihres Haushalts auf die Subventionierung der Landwirtschaft verwenden, während gleichzeitig das Geld zur Erhöhung unseres Haushalts für Forschung und Technologie fehlt." Der bayerische Ministerpräsident Edmund Stoiber verlangt eine Finanzreform im Hinblick auf die Osterweiterung der Gemeinschaft: „Voraussetzung hierfür sei es, zuvor die Agrar- und Strukturbeihilfen der EU zu entschlacken." (Frankfurter Allgemeine Zeitung vom 12. August 1996) Heftige Reaktionen haben die Vorschläge der EU-Kommission vom Juli 1996 hervorgerufen. Im Mittelpunkt steht eine deutliche Verminderung der Beihilfen für den Ackerbau. Die Bauern sind gut beraten, wenn sie sich nicht mit Haut und Haar dieser Politik verschreiben, sondern nach Alternativen Ausschau halten. Denn: Wer nur eine einzige Möglichkeit hat, wird abhängig und erpreßbar.

Wer sich hingegen mit anderen verbündet, sei es in der Erzeugung, im Verkauf oder in der Arbeitsorganisation, verbessert seine Position und gewinnt damit ein Stück Unabhängigkeit. Einzelkämpfer haben in einer globalen Welt die schlechteren Karten.

Wer die Region entdeckt und das Prinzip des kurzen Weges nutzt, wird dem überlegen sein, der weite Entfernungen zurücklegen muß.

Wer seine Produkte veredelt und nicht nur austauschbare Massenware anbietet, wird sich bald eine sichere Marktnische schaffen können. Gefragt ist das Besondere, das Unverwechselbare.

Wer sich rechtzeitig ein zweites berufliches Standbein aufbaut und sich nicht in eine oft nicht mehr aufrecht zu erhaltende Scheinwelt zurückzieht, wird auch in seinem Zweitberuf Freude und Erfüllung finden.

Wer offen ist für neue Entwicklungen und es versteht, die modernen Möglichkeiten der Technik mit den Vorteilen des ländlichen Raumes zu kombinieren, hat die Chance, ein Stück Lebensqualität zu gewinnen.

Die Generation der künftigen Bauern wird mit einem neuen Berufsethos Bauer sein müssen. Es müssen die Werte des bäuerlichen Denkens wie zum Beispiel „nachhaltiges Wirtschaften" und „Denken in Generationen" erhalten bleiben. Gleichzeitig muß der bäuerliche Mensch den neuen Entwicklungen in Wirtschaft und Gesellschaft offen und aufgeschlossen gegenüberstehen. Es geht dabei um die richtige Balance. Die Freude am Beruf, der Wille zum Erfolg, Eigeninitiative und realistischer Optimismus werden Haltungen erfolgreicher bäuerlicher Unternehmer sein.

Wichtig ist, daß der Bauer von seinen Leistungen selbst überzeugt ist und dieses Berufsbild an die nächste Generation weiterzugeben imstande ist. Vor Jahren habe ich eine Diskussion mit kleinen Gewerbetreibenden erlebt. In jeder Wortmeldung wurden die Sorgen und Nöte dieses Berufsstandes beklagt. Da meldete sich ein junger Unternehmer: „Wenn das stimmt", so meinte er, „was unsere Väter hier sagen, dann gibt es für uns Junge nur eines: zusammenpacken und davonlaufen."

Das Rollenbild der Bauern wird nicht nur von „außen" geprägt, sondern wesentlich von der Selbstdarstellung der Bauern bestimmt. Man hat sich angewöhnt, die negativen Seiten besonders zu unterstreichen. Aber die Welt besteht nicht nur aus Konkurrenten, sondern auch aus Kunden. In der EU sind es 360 Millionen. Und es gibt glücklicherweise bäuerliche Familienbetriebe, die ideell wie auch materiell durchaus intakt sind. Zeichnen wir daher das Bild des Bauern in allen seinen Farben, in den dunklen wie in den hellen. Vergessen wir dabei nicht, daß es eine Reihe von immateriellen Werten gibt, die gerade im Bereich des bäuerlichen Berufsstandes besonderes Gewicht haben und deren Erhalt diesen Berufsstand auszeichnet. Die Bauern wissen um den Wert der Freiheit und Unabhängigkeit. Sie schätzen das Eigentum an Grund und Boden. Sie kennen die Vorteile überschaubarer Gemeinschaften und die Bedeutung bäuerlicher Solidarität, die noch immer funktioniert, auch wenn es kaum mehr Großfamilien gibt. Diese Werte gewinnen zunehmend an Bedeutung und sollten bei der Selbstdarstellung des Bauernstandes mehr Beachtung finden.

Denkt man an die Bürokratie in der Europäischen Union oder an die strengen Vorschriften des Umweltschutzes, mag mancher einwenden, daß es mit der Freiheit und Unabhängigkeit des bäuerlichen Standes nicht mehr allzu weit her ist. Im Vergleich zu früher stimmt das sicher. Aber man muß mit der heutigen Situation vergleichen. In der Gegend von Passau traf ich einen Jungbauern, der mit seinem Nachbarn eine Betriebsgemeinschaft aufgebaut hat. Beide waren beruflich vorher in einem anderen Bereich tätig gewesen. Ein Schicksalsschlag führte sie zusammen. Die jeweiligen Brüder, vorgesehen als Hofübernehmer, wurden Opfer eines Verkehrsunfalls. Ich fragte eine der Frauen, sie war vorher im Lehrberuf tätig gewesen, wie ihr Mann den Übergang „bewältigt" hat. „Mein Mann", so sagte sie, „kennt auch die andere Seite. Er hat früher in der Maschinenindustrie gearbeitet. Dabei hat er ganz gut verdient und war nicht unglücklich. Aber heute hat er trotz der vielen Arbeit mehr Freiheit und findet in seinem Beruf eine innere Erfüllung."

Der Bauernstand ist eine kleine Gruppe geworden. Aber die Bedeutung eines Berufsstandes richtet sich auch in der Demokratie nicht nur nach der Zahl ihrer Mitglieder. Das beste Beispiel dafür sind die Ärzte oder die Professoren an den hohen Schulen. Die Gestaltung der Landschaft und die Nutzung des Raumes liegt mit 80 Prozent der Gesamtfläche im Verantwortungsbereich der Land- und Forstwirtschaft. Kulturlandschaft ist die glückliche Verbindung von Natur und menschlichem Schaffen. Der Bauer hat daran seinen Anteil. Der bäuerliche Mensch hat die Chance,

„an einem wichtigen und bevorzugten Platz der Welt zu stehen, nämlich dort, wo es um das Leben geht der Pflanze, des Tieres und des Menschen." (Herbert Zand, 1971) Mit der Sicherung bäuerlicher Familienbetriebe ist nicht nur eine bestimmte Produktionsform, sondern auch eine Lebensart verbunden. Bäuerliche Landwirtschaft ist mehr als Nahrungsmittelproduktion. Das sollte sich mehr als bisher auf dem „Asphalt der Städte" herumsprechen. Wenn die Bauern wollen, daß ihre Probleme stärker Beachtung finden, müssen sie aber auch mehr als bisher auf die Probleme anderer horchen und darüber nachdenken. „So ist es nämlich auch nicht, daß nur die Bauern Probleme haben", meinte ein Jungbauer.

Eine sinnvolle Strategie für die Zukunft kann sich nicht auf die Landwirtschaft allein beschränken. Sie muß den gesamten ländlichen Raum umfassen. Dabei gilt es, in Jahrhunderten bewährte Grundprinzipien zu beachten:

- Partnerschaft,
- regionale Eigenständigkeit und
- nachhaltige Entwicklung.

Glückliches Zusammenleben setzte und setzt weiterhin immer eine gute Nachbarschaft voraus. Fortschritte im besten Sinne kommen aus dem Selbstbewußtsein und der Kraft der Regionen. Nachhaltigkeit schützt Menschen und Natur vor Raubbau und sichert künftigen Generationen ein erfülltes Dasein. Wichtig ist, daß der ländliche Raum Lebens- und Wirtschaftsraum bleibt und keine Museumslandschaft wird. Und daß die Menschen Perspektiven haben, an denen sie erkennen, daß sie von der Gesellschaft gebraucht werden. Den Menschen wieder Heimat zu geben ist eine der großen Sehnsüchte der Zeit – und vielleicht die wichtigste Chance des ländlichen Raumes.

Damit das Land Zukunft hat, müssen viele Zeitgenossen die unentbehrliche Rolle einer regionalen Kulturpolitik erkennen. Es kommt darauf an, das überlieferte traditionelle Kulturgut, das in der alten Agrargesellschaft wurzelt, sorgsam zu pflegen. Gleichzeitig sollte man aufgeschlossen sein für eine eigenständige Weiterentwicklung in der Musik, in der Baukultur oder in neuen Formen von Jugendaktivitäten. Echte neue „Landkultur" ist in unserer Epoche der urbanen Fremdbestimmung noch selten, dürfte aber bald zunehmend gefragt sein.

Die Zukunft liegt nicht in einem Entweder-Oder zwischen städtischem und ländlichem Leben. Die Zukunft einer freien Gesellschaft liegt in der Vielfalt der Wirtschafts- und Lebensformen. In einer wohlverstandenen Partnerschaft wird das Land Zukunft haben – und die Bauern wiederum ihren Stolz.

Tabelle 1

Berufstätige nach Wirtschaftssektoren, Österreich 1900 bis 1993

Jahr	Land- und Forstwirtschaft		Industrie Gewerbe		Dienstleistungen	
	in 1.000	in %	in 1.000	in %	in 1.000	in %
1900	1.393,6	44,1	895,4	28,4	869,0	27,5
1910	1.368,3	39,5	1.075,1	31,0	1.024,8	29,5
1923	1.438,4	39,9	1.197,9	33,3	966,3	26,8
1934	1.258,7	37,1	1.086,8	32,1	1.044,3	30,8
1939	1.357,7	39,0	1.128,0	32,4	995,7	28,6
1951	1.092,6	32,6	1.256,9	37,6	997,7	29,8
1961	776,4	23,0	1.394,1	41,4	1.199,3	35,6
1971	436,5	13,9	1.352,2	43,2	1.344,4	42,9
1981	290,5	8,5	1.398,5	41,0	1.722,5	50,5
1991	261,5	7,2	1.347,7	37,4	1.998,1	55,4
1992	255,9	7,0	1.332,6	36,2	2.089,6	56,8
1993	252,1	6,8	1341,7	35,9	2.140,6	57,3

Quelle: Felix Butschek, Statistische Reihen zur österreichischen Wirtschaftsgeschichte. Die österreichische Wirtschaft seit der industriellen Revolution, Wien 1993. (1992 und 1993 ergänzt)

Tabelle 2

Schlüsselzahlen der Landwirtschaft in der Europäischen Union

	Landw. Nutzfläche je Betrieb (ha)	Anteil an Gesamtbeschäftigten (%)	Anteil der Landwirtschaft am BIP (%)	Ausgaben für Nahrungsmittel (%)
	1993	1994	1994	1992
Europäische Union	16,4	5,4	1,8	19,7
Belgien	17,7	2,5 (1)	1,6	17,3
Dänemark	37,0	5,7	2,5	20,7
Deutschland	28,1	3,0	0,8	15,0
Finnland	14,0	8,3	1,8	23,2
Frankreich	35,1	4,8	2,0	18,3
Griechenland	4,3	20,8	7,5	36,4
Großbritannien	67,1	2,2	0,9	20,7
Irland	26,9	12,0	5,4	34,8
Italien	5,9	7,9	2,6	20,1
Luxemburg	42,3	2,8	0,9	18,2
Niederlande	16,8	4,0	3,2	14,6
Österreich	12,9	4,7	2,2	19,1
Portugal	8,1	11,6 (1)	2,0	32,1
Schweden	36,5	3,4	1,0	19,9
Spanien	17,9	9,8	2,7	20,0

Quellen: Eurostat und Europäische Kommission, GD Landwirtschaft.(1) 1992, Österreich ergänzt